政法往事

编　委　会

政法往事

李秀云　主编

中国政法大学出版社

2020·北京

图书在版编目（ＣＩＰ）数据

政法往事/李秀云主编. —北京：中国政法大学出版社，2020.8
ISBN 978-7-5620-7453-3

Ⅰ.①政…　Ⅱ.①李…　Ⅲ.①中国政法大学—校史　Ⅳ.①G649.281

中国版本图书馆CIP数据核字(2020)第108680号

出 版 者　　中国政法大学出版社
地　　址　　北京市海淀区西土城路 25 号
邮寄地址　　北京 100088 信箱 8034 分箱　邮编 100088
网　　址　　http://www.cuplpress.com (网络实名：中国政法大学出版社)
电　　话　　010-58908289(编辑部) 58908334(邮购部)
承　　印　　固安华明印业有限公司
开　　本　　650mm×960mm　1/16
印　　张　　15
字　　数　　205 千字
版　　次　　2020 年 8 月第 1 版
印　　次　　2020 年 8 月第 1 次印刷
定　　价　　60.00 元

序　言

　　曾有人说，"读四年大学，留下讲述一生的故事"，是的，匆匆的时光，溜走的青春，我们曾经真诚而潦草的大学时代，却留下需要用一生细细品读、慢慢回味的风景。那么，我想，在这片风景里最引人入胜的当属其中的"人"和"事"，经历过的人物，发生过的故事，最是生动有趣，构成一所大学更为丰富的图景。这大概就是我提出"政法往事"这一构想的初衷。因此，在这本书里，并没有一所大学在历史洪流中大气磅礴的宏观叙事，而是由众多零散的私人记忆集合起来的个体表达、独家珍藏，是留存在这些法大人脑海中的一些片段、一段记忆、一个故事或者仅仅是一张笑脸带来的温暖一生的感动……

　　2019 年，正值中国政法大学恢复招生 40 年，党委宣传部（教师工作部）开展了"政法往事"征文活动，期间收到来自广大师生校友从世界各地发来的文章，这些篇章因讲述者的亲身经历而带着浓烈的主观情感，字里行间充满热情与生趣，凸显了法大这 40 年温情和浪漫的一面，也以特别的角度呈现着法大一脉相承的传统与精神。

　　讲述者温情脉脉，聆听者心领神会。其中有七九级刘心稳老师回忆七九级一班的同学友情，有八二级校友张学兵对恩师的尊敬和惦念，有九五级校友孟丽娜书写自己在法大度过的闪闪发光的日

子……潺潺岁月里，带着相同标记又各自不同的法大人们，他们的同窗情谊、学海生涯、社团精彩，他们人生中最风华正茂的青春，被截取了其中一段时光，精心描绘，跃然纸上，也因为这些时光，让法大的往昔能够有血有肉地展现在读者面前。同时，相信通过历届师生校友的深情讲述，能让读者更加深切感受并认同那些专属于法大的历史与情怀——"厚德、明法、格物、致公"的校训精神、崇高的法治信仰、独特的校园文化，以及安静地矗立在学院路校区的"法治天下"的石碑、昌平校区体育馆前的拓荒牛，会让人在阅读的某个时刻，莞尔一笑，说，对，这就是我的法大，法大人集体记忆中的法大。当然，目前收录的篇章只是众多法大记忆的缩影，故事之外，还有更多法大人怀揣着自己的政法往事和人生梦想，秉持着铭刻于血液的法大精神，一直行走"在路上"。我们相信，作为薪火相传的法大人，他们担当作为，不断奋进，始终彰显着立学为民、治学报国的赤子之心和家国情怀，书写着无愧于祖国和时代的壮美诗篇。他们是法大人才培养的实现者和见证者，法大精神文化的继承者和传播者，更是爱国报国的践行者和示范者。站在新时代、新起点上，法大人定会以初心砥砺前行的精神，以使命鼓舞奋发的斗志，永不懈怠，一往无前，为法治中国建设披荆斩棘，贡献力量。

从提出构想到结集成书，经历了一年多的时间。虽然有征集活动作为基础，但想要兼顾时间的连贯性和文章的多样性，特别是要从1979年到2018年之间，每一级法大学生中寻找到至少一位合适的讲述者，更是让编纂团队煞费苦心。通过广泛征集和针对性约稿，精心筛选并多方沟通，期间还得到了法大校友工作办公室卢少华和李欢二位老师的鼎力相助，最终实现了原定的编纂计划。本书共收录了47篇文章，以40年时间为线，按照每年至少1篇的体例结集成书。这个过程中，征稿、约稿、寻访作者、反复沟通、文稿修改，编纂团队的成员们付出了诸多时间与精力。中国政法大学出版社的编辑更是对本书出版工作极为认真，在2020年初疫情发生之后，依然克服各种困难，精心策划设计版式、目录结构，细心编辑和校对，精益求精，一丝不苟。

作为本书的主编，看到自己的一个构想成为现实，自然心生愉悦，就像看着园中的小苗，一天天抽枝散叶，花开枝头，直到硕果累累，让人体会着收获的快乐。当然，身在法大近四十载，对于法大、法大人，还有很多故事，有很多感动常怀于心，但，话短情长，我想，我们之于法大的千种风情，一定都能在本书中找到呼应。

尘封的往事，落满岁月的灰尘，也形成记忆的包浆。不如就此翻开岁月悠悠的昨日，聆听时钟敲打内心的声音，合书凝思，让我们共同祝愿法大的明天更加美好。

李秀云

2020 年 7 月 22 日

于军都山下

目 录
CONTENTS

2000 年代

1979 年与 1980 年代

永远的七九级一班、永远的同学友情

刘心稳[*]

1979 年 10 月，我到北京政法学院后被分在七九级一班，从此和一班同学结成了终生不解的同学友情，开始了我的美好人生。至今，40 年了，与我们班同学相关的许多情形在我的记忆中仍然特别清晰。

我们宿舍七个人，除我之外还有北京的田如海和李生、福建的杨超、江苏的唐醒民、山东的王岩坡、河北的郭凤武。我的年龄最大，唐醒民排第二，其他几位都比我小好几岁。

我们宿舍的几位同学都特爱学习而且都非常优秀，和他们相比，我除了年龄大并且在社会上混过几年之外，一无所长。他们绝大部分课外时间都在教室学习或者在宿舍看书，勤奋学习使他们获得了优异的成绩。我记得，有一门课考试，他们几位都取得了优异的成绩，尤其是唐醒民和郭凤武两位取得了满分 100 分。杨超特会学习，平时不慌不忙，每逢考试总是第一个交卷还老得高分。李生不但学习是"狗撵鸭子呱呱叫"，而且经常说些笑话让大家开心。他为人热情、实在，他有辆自行车，回家和返校经常骑车，不光一班很多同学而且外班的一些同学都借用过他的车，我则是他车的"老用户"。有个夏天的晚上，都快十点多啦，我酒瘾大发，借他车先去北太平庄，后到新街口、西单，均未喝到酒，十二点多一直骑到北京站口西南角那个昼夜 24 小时营业的啤酒店，买了一碗啤酒和一碟花生，

---

[*]　1979 级，中国政法大学教授，现已退休。

喝完吃完才心满意足地蹬车回校。回到一号楼都已一点多了，李生没有半句怨言。田如海除学习好之外，会画画、下中国象棋，多才多艺。他毕业后很早从事律师工作，我们班同学聚会都是他带照相机拍照，大家对他拍的照片都十分满意，可见他的才艺素养厚实。王岩坡是山东人的典型，大学四年山东话，没有改口，学习用功、生活节俭，话语不多但都是实实在在的，没有半点"水分"，对刑法学兴趣浓厚，毕业后先后担任过中级人民法院刑庭庭长、市重点区检察院检察长等职务，所学所用而且学用有成，实为一生快事。郭凤武是班上的团干部，热心班集体事务，关心同学，行为做事颇有燕赵古风，本科毕业后不久考取本校刑法学硕士研究生，现在是北京一家著名律师事务所的负责人、资深律师。

我们班的教室是教学楼 403 号。我印象中，最初班里同学是 34 位，但开学不久，赵燕士和李晋京两位调到其他班。之后，11 位女生、21 位男生结成了四年同窗。同学中，庞继英年龄最大，是大哥级同学，我和班长傅立英同岁，许智慧、倪洪智两位好像都才 15 岁多点。

夏吟兰同学在政治经济学课程的学习中，把相关知识提炼出一个体系化的图表，粘贴在我班教室里供大家参考。图表很快吸引了其他班许多同学来观摩，不少外班同学还做了详细抄写，对全年级的学习产生很大的助益。她本科毕业后考上本校民法专业硕士研究生，专攻婚姻法方向，在理论和实务中成绩斐然，是全国著名的婚姻法专家和优秀的妇女工作者，多年担任中国法学会婚姻法学研究会会长，前几年还获得"全国三八红旗手"称号。

陈爱江同学担任班级生活委员，为全班同学按月领、发饭票、粮票和其他生活用品，事无巨细、精细周到，四年如一日，大家称他为"总理"。

祝聪同学代表学校参加北京大学生游泳比赛，取得了很好的名次，为学校争得荣誉，也是我们班的光荣。祝聪同学和他爱人蔡艳敏同学（我班女同学）虽然都不幸英年早逝，但是，他们在我们心中永驻的形象是：祝聪依然那样英姿勃发，蔡艳敏总是那样欢乐向上。

不夸张地评价，许智慧是个"嗜学"者。四年中间，她学习的勤奋劲头我们班人人皆知。她本科毕业后工作了一段时间，便很快考上了北京大学的硕士研究生，又很快地公费赴英国留学，学成后回国，曾经多年担任全国人大代表。

马晓玲、沈涓、倪洪智、苏桂筠、庞桂芳、赵焕菊这几位女生都是我们班品学兼优的同学，她们都以优异的学习成绩和优秀的品行给我们班增光添彩，深深地留在我的记忆里。王素香同学虽然毕业不久就因疾去世，但是我相信，同学们一定没有忘记她朴实、好学的形象。

洪波同学在校期间学习不慌不忙，成绩不错，生活有条不紊，态度不急不躁，现在也是全国人大代表。也就是说，我们班先后有两位全国人大代表啦。

魏庆保同学经常帮助全年级 12 个班和 403 名同学收取、分发报纸和个人信件，得到同学们的感谢和夸赞后只是报以微微一笑。在我心目中，他是个对人真诚和热情的青年人，这一点，不仅在校期间给我留下印象，三十多年后，他第一时间从武汉奔赴广州精心操办祝聪同学意外离世的善后事务，更加深了我对他优秀品格的认识。我想，我们班的同学都会为有这样的同窗感到欣慰和自豪。

我清晰地记着林向东，很长一段时间，他的标配服装是一身正规的军绿衣裤，经常和同学讨论一些问题。虽然他离开我们了，但还在我们心中。

王一民同学起初是班级体育委员，后来担任副班长，四年里为班集体做了大量的工作。李琦同学担任班级体育委员之后，推进了班里的体育活动的开展。任学良、沈泽敬、欧金华、解海山、闫鸿意等同学都十分关心班集体事务，不但在勤奋学习的同时积极参加

班里的各项活动，而且经常提出很好的建议，帮助班委会做好班里的各项事情。

傅立英担任班长，为班集体的学习、集体活动、班集体的荣誉甚至同学们的个人事务等付出了大量时间和心力。赵焕菊同学在课余时间经常帮全年级 12 个班分送报纸和个人信件，她参加女子手球队为学校争得了荣誉。

那个年代，城市人口（包括大学生）的口粮都有定额，我班女同学们经常把自己的饭票送给男同学们，给我们男生留下了永远的美好记忆。

七九级年级办公室号召全年级 12 个班争创"三好班集体"，班长傅立英和副班长王一民传达了年级办的会议精神后，班委会讨论认为，我们班首要的任务是进一步搞好全班的学习成绩，同时要坚持多做好事，全班同学一致积极参加争创活动。经过全班同学的努力，我们班获得"校三好班集体""北京市大学生三好班集体"等荣誉称号，学校和司法部还安排我们班集体参观了人民大会堂、中南海。这个荣誉是全班同学共同努力的结果，属于七九级一班全体同学，也属于中国政法大学。

1983 年我们毕业后，一直保持着密切的联系，无论外地同学来京出差还是在北京的同学去外地出差，再忙都要挤出时间和同学聊聊、聚聚。现在我们经常通过微信联系，相互之间的交流更加方便，我们的同学友情与日俱增。

今年是我们相识 40 年，祝愿亲爱的一班同学健康、快乐、幸福！

兼听则明 无欲则刚

于世平*

　　1980年，于世平以一名技术工人身份考入北京政法学院，如愿以偿地开始了他的大学生活。1984年毕业，于世平被分配到天津市高级人民法院工作。他从行政人员做起，经历过研究室工作员、助理审判员、审判员等不同工作的磨炼，于1991年被提升为民事法庭副庭长，1995年成为天津高级人民法院副院长。在努力工作的同时，于世平还不放弃继续深造的机会。1996年攻读南开大学经济学硕士学位，随后在2000年8月至2001年6月期间又到美国伯克利加州大学法学院进修。在紧张工作之余，于世平在学术研究上颇为下功夫，他结合实践先后发表了《判断剽窃抄袭的"四看"原则》《健全接受人大代表监督机制确保司法公正高效》《完善人民陪审员制度的建议》等文章，他认为取得的这些成就与他在法大四年的学习分不开。

　　于世平常常流露出对于母校的眷恋和怀念之情。"在政法大学的四年是我人生中最重要的阶段，是我人生境界提高的阶段，也是我后来不断向前的加油站。是法大教会了我做人处世的道理"。于世平把"先做人再做官""兼听则明，无欲则刚"作为自己的人生信条，并以此指导自己的工作。他说法大给了他学习和思维的方法，并把这些良好习惯运用在他的学习和工作当中。在市场经济纷繁的法律关系下，母校赋予的这些被他视为财富的学习方法是开启一扇扇法

　　* 1980级,现任天津市人大常委会副主任、党组成员。

律大门、解决各种问题的钥匙。在母校的学习让于世平形成了善于分析问题的习惯，他办过的许多重大案件都得益于当初学校培养的分析问题的能力。最重要的是在法大打下坚实的法学理论基础，为于世平日后在法律实践当中准确、理性、公正运用法律提供了先决的素养。

从一次新华网对于世平的访谈中可以看出他对自己在检察工作中的要求。他如是说："在工作中一定要加强理论学习，这是领导干部的一项重要职责和良好习惯，是当好领导干部的一项极为重要的基本功和保持政治坚定的重要理论基础。要通过学习基本理论、最新成果和民主法制建设理论，更加自觉地用科学理论武装头脑、指导实践、推动检察工作向前发展。……一定要坚持严格要求自己，要带头遵纪守法，严格自律，改进作风，率先垂范，以实际行动提高领导班子的影响力和感召力。还要坚持更高标准，务正业，带头学习钻研法学理论和检察业务，努力成为各项检察工作的行家里手。……要做认真学习的表率，始终保持昂扬向上的精神状态，自觉坚持更高标准，追求更高水平，真抓实干，少说多干，用心工作，用心落实；要做严于律己的表率，强调严格遵纪守法，自觉执行领导干部廉洁自律的各项规定，切实做到为民、务实、清廉；要做团结和谐的表率，强调靠学识、能力、水平和人格魅力履行领导职责，防止作风武断、发号施令、班子成员之间要多沟通理解、多支持配合、努力形成群策群力促和谐、团结一致干工作的良好局面；要做改革创新的表率，用新的视野和高的标准审视过去的工作，正确的要坚持和完善。"

于世平在他的工作中、在他的领导岗位上为中国法治建设做出了杰出的贡献，践行了法大人的理想：

我自愿献身政法事业

热爱祖国 忠于人民

严于律己 尊师守纪

勤奋学习 求实创新

团结互助 全面发展

挥法律之利剑 持正义之天平

除人间之邪恶 守政法之圣洁

积人文之底蕴 昌法治之文明

为社会主义建设和人类的进步事业奋斗终身!

(中国政法大学校友办采访并整理)

我们仨

张丽霞[*]

　　我们仨相遇时分别是 16、17、18 岁，那是大学第一天入学时。

　　16 岁的郭良忠是我班最小的男生，17 岁的我是女生中最小的，按照班副的安排，两个最小的小同学同桌，坐在第一排，在我的印象中，同桌的他站起来，比我矮很多，像一个小朋友；我的身后是田锐华，大我一岁，没我高却坐在我后面第二排，巧的是我俩还分在一个宿舍，上下铺。对于上大学前没有出过远门的我们来讲，一切都是那样的新奇。

　　郭良忠是我见到过记忆力最强的人，绝顶聪明，过目不忘。课堂上的学习对他就是小菜一碟，所以，精力充足的他业余时间又学习日语、无线电，以至于我在他身边也学了点日语发音。他还能够把北京所有的胡同以及北京的各条公交线路记得清清楚楚，可以说是我们班的活地图。更重要的是，四年中，每次考试之前小郭同学都会热心地帮我把每一门课程按照他的记忆和理解从头讲一遍体例和重点，使我很容易就复习得很好，还能考个高分。我们两人都是河北人，有着天然的亲近感，所以大学时期，在班上聊得最多的就是这个小弟弟。尽管毕业时他已经高我半头，但仍然是我无话不谈的聪明小弟。

　　田锐华是老红军的女儿，在我们班属于高干子弟，似乎什么世

---

　　* 1981 级，现任北京市华贸硅谷律师事务所创始合伙人、主任。

面都见过，特别爽朗大气，没有奖学金还挺有钱，舍得买 18 块钱一双的小皮鞋。好像没有什么事情能够难住她，她总是有无数个新鲜主意，我几乎用不着动脑子，跟着她的感觉走就是了。我们俩是上下铺，但是又分得不是很清楚，经常位置互换，看心情而定。她很会长跑，个子虽然不是很高，但是胸部以下全是腿，迈开大步我便很难跟得上，她耐力极强，竟然在第一次 1500 米长跑比赛中就拿到名次。我们俩有相当一阵子一直是形影不离，直到她有了男朋友。慢慢地，我们衣服、头型甚至发饰都是一模一样，以至于成为我们班的一大一小两个连在一起的标志。我们还一起跳集体舞，一起参加天安门的国庆庆典表演，一起跳艺术体操，一起复习考试。记得有次外国法制史复习考试时，我俩在宿舍一猫，一起复习，一起背书。我觉得她好聪明啊，那次我俩双双取得特别好的成绩，也可能是我大学历史上的最高分。

大学四年，我们仨是密切联系的小团体，熟悉得不能再熟悉。不知不觉到了毕业季，之后恋恋不舍又满怀新奇地分别走向各自的工作岗位。小男生郭良忠研究生毕业后去了最高检，根红苗正的田锐华辗转去了化工部党委组织部，一直崇拜印度电影《流浪者》中的女律师丽达的我到了北京大学法律系的律师事务所——北京专利科技律师事务所。

1994 年，律师制度改革，北京试点实行合作制律师事务所，从没有断过联系的我们仨一拍即合，在海淀区高新技术试验区的大楼里，跟当时的海淀试验区纪委同室办公，战战兢兢成立了北京市硅谷律师事务所，从此又开始了朝夕相处、同甘共苦的日子，至今又度过了 25 年。

25 年来，我们一起从试验区大楼的半间办公室，到吉林驻京办，到蓟门饭店，到名人大酒店，到自己拥有产权的上千平米的物业写字楼；从几百块钱的民事、刑事、离婚案件，到以国内外商事的仲裁和诉讼著称，动辄数亿、数十亿的巨额案件；从毫无背景和名声

的小所，到 2019 年进入北京 50 强的优秀律所，若干案件入选最高院指导案例。互相搀扶着，一路走来，我们仨，每个人都起着不可替代的作用。

郭律师，思虑缜密，逻辑性强，他的严谨和执着体现在工作的方方面面：从我跟他认识的那一天起，郭律师在任何情况下，不管是开会、开庭、甚至是约好的饭局，任何一件他答应的事情，几十年如一日，从未爽约或迟到过。只要他答应的事情，一定能做到最好，这种诚信让所有跟他接触过的人都产生绝对的信任感。什么事情交到他的手上，法律上、事实上、带领团队上，他都能穷尽所有做到极致，案子交给他，就像是进了保险箱，保证不会出任何差池。

田律师是我们所的党支部书记，心地善良又细腻，所里的每一个人她都记挂着。看起来温文尔雅，但是是出了名的执着。她追求完美，每个问题不弄到穷尽决不罢休。我曾经跟她讨论案件，她能日思夜想，虽出差在外，但她真的能半夜睡醒还要跟你讨论，以至于我以为是在说梦话。田律师用她特有的努力和钻研带动所里整体的专业氛围，她负责的华贸法律服务论坛办的有声有色。她也是有名的福星，很多难啃的骨头，最终都能化险为夷，取得超好的效果。

北京华贸硅谷律师事务所，25 年来在争议解决方面，尤其是在国内外商事仲裁方面有一定的影响，应该说与我们仨的努力是分不开的（当然，还有特别值得骄傲的恩师以及团队成员的齐心共力）。我是这个集体里最省心的人，有了他们两个，工作变得很轻松和愉快，我时常内心感叹，我这辈子是有多大的福气啊！

我们仨，肩并肩手拉手一路奋斗几十年。等有一天干不动了，再一同到海南神州半岛，在大海边回味一生，回忆一个个值得骄傲的时光片段。

有人说擦肩而过是前世 500 年的缘分，不知我们仨到底是什么样的缘分，能如此互相帮衬，一起学习工作几十年。我们的老师兼律师事务所创始人——沈四宝老师，半开玩笑地称我们是铁三角，也许正是这样的三角才会有这么稳固和坚强吧。

值此母校校庆之际，用我们的法二代郭子赫的名言来结束此小文：我们仨的愿望是每个人的愿望都能实现。

祝福母校，祝福母校校友！

忆往昔，师生情谊深 看今朝，母校春意盎

张学兵[*]

　　曾经，法大校友会的同学慕名从昌平到建国门外大街的中伦律师事务所采访张学兵律师。张学兵从上学的那一刻开始，回忆了与法大一起走过的日子，那些年相约学院路艰难而难忘的时光。在学院路建校初期，教学和居住条件都十分困难，教室、宿舍和食堂资源紧张，忆起当年"拎着马扎上教室，数着粮票买饭菜，买完饭菜站着吃"的时日，张学兵感慨道："在法大求学的那六年（1982—1988年），大概是母校最艰难的岁月。虽然物资很匮乏，但师生们在精神上很充实，难能可贵地保持着积极向上、不辞劳苦的品性。现在的法大是历史上发展的最好时期，无论师资力量还是教学条件都远胜以往。"

　　正如梅贻琦先生所言："所谓大学者，非谓有大楼之谓也，有大师之谓也。"当年的法大或许鲜有大楼，然大师常在。张学兵坦言："一个学校要有几个大师才能称为好的大学，正是江平老师、张晋藩老师和陈光中老师等一批杰出的泰斗级大师为法大树立了口碑并奠定了在法律界的地位。江平老师是当年法学界的楷模，他不仅是一名优秀的法学教育家，还是一位优秀的高校管理者。江平老师如慈父般对待同学们，以其卓越的学术造诣和出色的人格魅力赢得了大家的尊重与爱戴。"

---

　　[*] 1982级，现任中华全国律师协会副会长。

　　谈起当年的老师们，张学兵赞叹不已。老师们曾因为"文革"而离开过讲台，在重新回到学校后都分外珍惜再度登上讲台的时光。虽然教学资源缺乏，老师们一家人还要挤在狭小的筒子楼，但他们从未抱怨，而是更加努力地工作，要将曾经丢失的时光在往后的日子拼命补回来。而当时的年轻教师们，像如今被誉为中国刑辩第一人的田文昌老师，更是不辞劳苦、忘我工作。在他们身上，学生们学到了一名优秀的法律人所应具备的、值得一生追寻的做人的品德和做事做人的原则，这对学生们的人生道路产生了重大影响。"那是一段激情燃烧的岁月"，张学兵回忆道："老师饱含着激情教书育人，在他们的言传身教下，学生们也满怀报国的激情刻苦钻研。全校上下一心，励志要为中国的法制建设贡献自己的全部精力。""那时老师们潜心教学、专心学术的良好风尚是那时大学校园的精神。"

　　到了毕业的时候，作为法大第一批经济法学专业的本科毕业生，张学兵选择了留校继续攻读研究生。他说，人生中有三个母亲值得我们一生敬仰和感恩，一是养育了自己的父母，二是教诲自己的母校和老师们，三则是培育了我们的祖国。"也许现在的你们还感受不到，对母校的感情就像酒，时间越久越深厚。现在的在校生也许对母校有这样或那样的抱怨，但是若干年后肯定会成为最醇美的回忆。感恩母校除了通过物质上的回报，更重要的是努力工作，各个岗位上的学生都做出成绩来，实践、传承、推广母校的精神。"张学兵就曾回到母校，以个人名义为学校捐款 50 万，以支持学校的发展。

　　说起从法大研究生毕业后在美国杜克大学求学的经历，张学兵分析了中美两国教学方式的差异。在杜克大学是老师带着学生学，先由老师布置预习，再让学生阅读、讨论，老师补充、总结。而中国的老师则侧重于授业解惑，多为知识性的传输。张学兵认为在中国可以用带博士生的方式带本科生，先让学生广泛阅读，得出自己的结论再撰写论文。如此更有利于开拓学生的思维，提高自主学习和思考的能力，从而取得更佳的教学效果。现在的大学生应该提高

分析问题的能力，具有批判精神，培养好自主学习的能力。

谈到在美国读高中的女儿，张学兵说道，美国的教育能帮助学生更深入地了解本国的历史传承和文化积淀。她们上的英语课（相当于我们的语文课）其实就是阅读课，分泛阅读和深阅读两种模式，要求学生阅读大量书籍。在他看来，文科学生重要的两个基础就是文学基础和史学基础，文史基础扎实的学生在以后的工作岗位上会更容易脱颖而出。比如每年中伦律师事务所都会招一些法大毕业的研究生，但在交谈的过程中还是觉得他们读的书不够多，缺乏知识的累积沉淀。他以自己现在仍在参加国学培训班为例鼓励年轻人要多读书，特别要利用好大学的时光博览群书，不断充实自己。

谈到中国法治的现状和未来的发展方向，张学兵坦言，要有"水滴石穿"的精神——恒一的目标和不变的坚持。我们要坚定信心，一个个解决问题，一点点取得进步。尽管还有很多不如意，但是这是在进步中的不如意。只要我们坚持不懈，"法治天下"的理想必将有实现的一天。

（中国政法大学校友办整理）

蓟门拾零：我八十年代的法大

谢冀川[*]

学子多夸母校好，偶尔吐槽免不了。

校友褒贬都是爱，外人说不？俺！急！了！

——代题记

　　从 1979 年"复校"开始，直到 20 世纪 90 年代甚至更晚，入学"政法学院"或者"法大"的学子鲜有不"吐槽"学校硬件的。从校园的局促到设施的残旧，乃至所处地段（尤指昌平校区早期）的荒远。

　　对我这个八三级学生来说，学院路 41 号，亦即后来的西土城路 25 号，是寒窗苦读、挥洒玩闹、受教于恩师和结交益友的"旧地政法"（借用作家郭文龙师弟文学作品名），也是我经受象牙塔与社会大课堂重大历练并奠定个人工作、生活轨迹与三观基调的一方宝地。

　　从刚进学院路校园对物质环境油然而生的"上当受骗"般的委屈、憋屈，到四年后毕业前对法大的恋恋不舍，这期间是一种"因为可爱而美"的转换。

　　这种转换，源于 1980 年代法大校园里那人、那事、那独特氛围。

---

　　[*] 1983 级，现任北京天驰君泰（宁波）律师事务所高级合伙人。

一、特立独行的信封和无与伦比的校园

1983 年高考发榜的日子，在"第二表招生"还没有启动的时候，我从中学老师手里接过写着我名字的信封时，全无金榜题名的兴奋，只有疑惑和失望交织。首先，信封上的"中国政法大学"在我们河北省考生填报志愿时是一个不存在的校名。由于高考数学成绩的意外低分，我入读第一志愿法律系的梦想已因十三分的差距碎了一地，但被第二或者第三志愿录取的概率还是极大的，无论如何五个重点大学的十个专业不至于全部落空，这个突然出现的新学校是个什么情况？其次，手里这个比正常信封窄很多、短一截的纯白色普通纸信封，其右下角的鲜红色校名虽然一望可知绝非出自常人手笔，但那红颜色，居然滴滴落落于字体之外，有些字还带着毛边，霍然提示着信封制作及印刷的仓促、劣质，这字体该不是临时刻戳之后手工盖上去的吧？我的疑惑引来了老师的释疑：这是北京政法学院，升级为第一表录取的重点大学了。

居然被一个根本不曾想到的……录取了?！信封里的录取通知书和老师的解读愈加坐实了我的失望：这不是一封虚构或者错发的录取通知书！这不是一个可以更改的玩笑！我与真心向往的大学无缘了！那个成绩高出"重点大学录取分数线"将近五十分、那个根本不想在任何"普通院校"的志愿栏里落笔但一心学习法律并立志成为法官的"狂妄小子+有志青年"，带着满腹的委屈和遗憾，抛下定然是怪异复杂的表情，恍惚中告别了中学校园。

经过家人师友的各种劝导安慰以及自己的"疗伤性疯玩儿"，好不容易以一种"缘分若此，既来之则安之，好在是学习法律"的心态，进入法大。哪知甫一报到，再度被新的遗憾和震惊迎头痛击。当时法大校园里一切的一切之种种不堪，此处不再"忆苦"，一来从七九级至八二级这四个年级的学长比我们更有"吐苦水"的资格，二来我在《用什么回报你，我的大学、我的江老师》（见《永远的校长》，中国法制出版社 2010 年 9 月第 1 版，孙国栋编）中有过"吐槽"，这里仅撷取几个来自其他校友的故事，以证所言不虚。

其一，"三过校园而不识"——地域之小。一位北大七九级法律系的毕业生被分配到中国政法大学，1983 年来报到。车子载着他和他的行李书箱从法大北门进入后，转瞬到了路的尽头，一问得知"开过了，调头直行"。依言听劝，司机师傅一抬头，嗯，这不是刚刚进来的那个门吗？再问，路人答曰"过了！回去就是"，如是者三，迷惑之中主人公只好下得车来、仔细打探，热心人用手点指：看见没？就这眼巴前儿的三栋楼！上课的（教学楼，如今还剩下中段儿）、吃饭的（当时新建不久的食堂，如今健在）、睡觉的（新建的七号楼，如今已经遗迹无存）！这位来自燕园的才俊顿时无语，但不久后幡然醒悟于无可奈何：不是所有的大学都像燕园一样辽阔秀美、设施齐全！

其二，"这所学校的课外活动挺丰富、有水平"——校园之乱。一位京籍男生被法大录取后，父亲陪同他实地考察。父子俩巡视已毕，父亲评价道：这个学校是不大，但应该还不错，咱们听到的吹拉弹唱的水平可不低啊，大学生在校园里的课余生活是帮助成长很重要的一部分！这位同学正式报到入学后才知道，当年让他老爸赞不绝口的，敢情是鸠占鹊巢"分享"法大楼宇的北京歌舞团和北京戏曲学校专业人员的金声玉振，水平能不高吗?！水平高则高矣，一大早吵醒学生清梦、大白天妨碍我们上课、校园里舞蹈演员们特有的婀娜身姿和韵律脚步随处吸引着大学生荷尔蒙旺盛的青春视线……啧啧，扰我清平、乱我清心、迷我慧眼、幻我静思，这可如何是好？

当然，只斥那杂乱纷繁而不美其杂花生树，既不厚道、不客观，也不足以昭示我们法律人的冷静周全不是？八三级开学后数年，随着戏曲学校、北京曲艺团、北京交响乐团的陆续迁离和大礼堂、联合楼、食堂东侧楼宇（我始终不知道楼号）的渐次归还，校园里是安静了许多，但我们也难得在校园里再与崔健、李金斗等名人擦肩而过，学校的舞会上也再难得偶有专业舞者一展身姿。从法大毕业多年以后，我曾经对我的研究生同宿舍黄姓同学说：哎，你知道吗，热播的某清宫戏里的某角色，扮演者就是当年咱们从一号楼去法大食堂的路上你在人家身后失声赞叹的"小美人儿啊"！这个当时引发了同行者爆笑和被赞叹者惊艳回眸的细节，印证着当年的"北歌儿"——北京歌舞团应该是较晚搬出法大校园的单位，其搬迁腾退的时间至少在1988年以后。

不管怎么说，大多数人的"母校"就是一个或可任由自己及本校校友各种"吐槽""埋汰"，而绝不许外校人员随意褒贬的图腾，这一点，我和另外两个当事者都深有体会，那个特定场景和一句"不许讪笑"的大喝被反复模仿和津津乐道，已三十九年：在我自己刚刚成为法大的一员，归属感和认同感正在建立的1983年冬天，放寒假之前，来自北大和北师大的两位中学同学在结束我宿舍里的"侃大山"、走出七号楼东门经过教学楼北侧时，一左一右两个一米八几的大汉突然爆发出令我猝不及防的哈哈大笑，原因是我指着教学楼北门——那满是招贴纸、半开半掩如同一扇老式店铺、貌似甚至每晚须由伙计"上门板"的破旧出入口，介绍说"这就是我们的图书馆"！要知道，当时学校的图书馆就是暂时栖身在教学楼一层北侧，里面只能借书而没有阅读的空间，所谓的阅览室是搭建在教学楼西侧马路东侧狭小空间上的简易房——冬天用煤炉取暖的轻体活动房，屋顶是波浪形石棉瓦的那种。说时迟那时快，我在他们两人中间立即爆发出一声四字大吼！结果您猜怎么着？笑声不是停止和减弱，而是更加放肆和雄浑了，因为其间夹杂了我本人在自尊、自卑、有趣和无奈之下的复杂笑声。自那之后很多次，只要我们三个人之中的两人相遇，必定有一个段子被心照不宣、惟妙惟肖地现场演绎：这就是我们的图书馆/哈哈哈哈/不许讪笑/哈哈哈哈哈哈哈哈！

提到活动板房阅览室，又激活了对一位老师或教工的回忆。在曾经的"小滇池"（七九级以后的法大学生对其都只闻其名未睹其容）位置上的新图书馆建成之前，法大称之为阅览室的设施独此一家，容量大约百十来人。但它门前不时贴出的"官方"通知和海报上的独特字体，令我印象深刻——类似"舒同体"但又区别显著，总之是自成一格且看上去挺舒服的毛笔字。后来我推测它应该是出自那位五旬开外、戴黑色近乎复古的圆形眼镜、身材中上身形瘦削、举止温和表情恬静负责阅览室管理的先生。但遗憾从来没有与他攀谈过。后来，大约是在我本科毕业前后，于校园里唯一的标准十字路口亦即阅览室西北侧，看到他和老伴儿在大树下守着一辆小三轮车卖水果。当时我分明在老先生的身姿和表情里读出了些许窘迫，而他老伴儿倒是一种自食其力、公平交易的光明磊落，他俩当时好像在低声对话，路过的我没有听到任何内容却分明感受到一种似乎天生具有更强悍生存能力的女性对读书人老伴儿的鞭策：怕什么、大大方方的！这个场景触动到当时的我：老先生真的挺可怜、不容易！甚至代替他演绎生发出"知识分子变身小贩？在自己工作的大学里摆路边摊？赚昔日同事和学生们的钱"的斯文扫地之感！进而快步离去。换作是今天，我定要大大方方走过去、满面春风打招呼、快快乐乐地购买老先生的水果并且发自内心地赞扬他："让我们不出校园就可以买到水果，太感谢您了！能文能武，亦读亦商，是我们的好老师！"可惜，这个三轮车水果摊好像并没有摆多久，是老先生退缩了、被干预了，还是他们的家境突然好了起来？但愿当时与我相似的世俗眼光或社会舆论没有给这位先生造成过分的心理压力。

二、法大八三：一个特色独具、传奇丰富的年级

1983 年，中国政法大学以北京政法学院为主体诞生，并不仅仅是一个名字的转换，确有不少可圈可点的故事发生并且不少都为后来的法大埋下了伏笔。半年间的重大变化至少可以点出如下几条：

江平老师出任学院副院长、学校副校长，"复校"后首届本科生七九级毕业，唐师曾（战地记者唐老鸭）、查海生（诗人海子）等一批北大新锐入职，八三级本科和研究生新生入学。

当然我重点想说的是八三级登上法大的历史舞台。因为严格意义上的"法大一期本科生"，非八三级莫属。而这法大本科一期却是被"抢招"进来的，"首届""抢招"是八三级在法大历史上亮相的两个关键词。

1. 独一无二被"抢来"的一届本科生。八三级大多数同学都知道自己被"抢招"的事实，当年根据教育部、司法部等国家机关联合发文，赋予刚刚挂牌的中国政法大学以招生上的一次性优先权，从而使法大抢到了数百名高分考生，其依据和过程也曾得到江平老师等校领导的公开印证。法大八三级 500 人来自黑、吉、辽、京、津、冀、晋、蒙八个北方省市，仅有天津、辽宁等两三个省市的同学是在填报志愿时已知自己报考了中国政法大学，其余地方的招生均使用的"北京政法学院"这一校名。近年来我曾听到多个年级的校友回忆自己初到政法大学——无论学院路老校还是昌平新校时，都不约而同用过一种说法——"感觉被骗了"，极言学校名头与校园面积、硬件设施之反差强烈，每当此时我会调侃说："被骗"来的这么多，而且只是你们的感觉而已，就见怪不怪了，我们这"被抢"来的一届才具有稀缺性呢。于是大家会饶有兴致地回忆和交流一番，而最终的结论会比较一致：就算是今天，法大在校园和设施方面也还是与其知名度和业界地位有差距，尽管硬件水平已有大幅度提升，甚至可以说今非昔比了，但囿于空间和财力等因素，没能赶上教学科研等软实力的进步幅度。

2. 全程"中国政法大学制造"的首届本科生。从录取通知书到本科毕业证（兼学位证）都以中国政法大学名义完成的，八三级是第一届。之前年级的学长，至少其录取通知书是来自北京政法学院。

当然，"史上首届"领取中国政法大学本科毕业证书的荣光，归于法大七九级。他们是北京政法学院复校的首届学生、经历过自建校以来最为艰苦的学习和生活环境，是当今中国法律人中的绝对资深力量，也是如今活跃在法大校友各种兴趣群里最受尊重的学长。但他们是怀揣北京政法学院录取通知书入学、在北京政法学院的旗帜下读书四年、毕业前迎来学校更名、名正言顺怀揣中国政法大学毕业证书奔赴工作岗位的。

3. 本科毕业证上同时出现"系"和"专业"的名称，自八三级始。换言之，在1987届本科生毕业时，法大毕业证书上出现了经济法专业、国际经济法专业、政治学专业、思想政治教育专业的字样。因为在我们入学时直到大二上学期，完全不存在系和专业的划分，15个班级500人，只是按照"前七后八"的划分，在不同的大教室上课，所学内容相同、进度基本一致。及至本科第四个学期起，法律系、政治系和经济法系建制肇始，其管理机构"年级办"——各年级的行政管理办公室也同时分立并改称"系办"。八三级以法律系最庞大，共九个班都是法律专业；经济法系规模居中，有四个班但下设经济法、国际经济法两个专业，各两个班；政治系最"袖珍"但"小而全"，共两个班却分为政治学和思想政治教育两个专业。据我所知，临近毕业的八一级没有参与分系，八二级分了系但没有划分专业（当时仅余三个学期，其中实习和毕业论文还将占去一半左右时间），真正同时细分了专业并且相应调整和新设相关课程的年级，就是八三、八四两个年级。

4. 同样大学四年，同班同学数量倍增。设系、分专业带来的另一个效果，就是参与的年级同学熟悉程度陡升，这令八二、八三和八四级的每一个学生都有不少于60位的"本科同班同学"，是其他1980年代老校友的两倍！就八三级来说，一年半下来已经厮混到非常熟悉的同班同学，在大二的下学期突然分开并进入了全新的班级（老班同学同时分到新班的，一般不超过三四个），重启了宿舍搬迁、自我介绍、班内重新定位等程序，"同班亲同学"顿增30余位。因

此这几个年级同学交流时常常会问及"老几班""新几班",算是特定背景下的术语行话吧。

5. 分系分班真忙。在我记忆里,设系分专业是本科期间的颇具影响的大事之一,"整的动静儿挺大",在校园里的受关注程度大概只有庆祝新中国成立 35 周年庆典队列训练和穿上肩章大盖帽的校服两件事可比。老师们招兵买马、同学们议论纷纷、家长们隔空(书信)参谋、朋友们出谋划策。政治系的培养目标"上到国务院副总理、下到县长县委书记的国家干部"之豪言流传至今,据悉出自首届系主任徐理明老师;"经济法"作为当时改革开放背景下的热门词汇,给经济法系提供了延揽学生的金字招牌,尤其是国际经济法专业关于"要看高考英语和数学成绩,特别是入学后三个学期的英语成绩"的门槛,阻却了一些有志从事涉外经济领域法律工作的同学。当然,更多同学还是自愿留在了法律系,"政法大学嘛,法律不是主题和主体,什么才是?!"三十多年后的今天回头看去,仅在法院、检察院两大系统担任领导职务的八三级及其临近年级的校友,政治系出身的委实高于依其人数应有的比例;而国际经济法专业学生之英语水平的相对优势,至少在本科毕业之前就在法学专业之外发生了直接和明显的效应——在空前绝后的法大"英语师资班"中,国经专业成为贡献大户,为法大的英语教学乃至如今法大外国语学院的设立与发展起到了不可忽视的作用——仅以我们国经八三级一班为例,自愿报名且入选的同学多达 8 位,占了我班人数的四分之一、师资班人数的一多半!

6. 法大八三,贡献独特。此处的"贡献"暂且特指对于母校本身的贡献,也是相对于既有的法大毕业生以年级作为一个整体的语境下。

第一,应届毕业的八三级本科生及研究生留校工作的绝对人数及相应比例(八三级本科生成为八七级研究生者也数量可观),其中仅 1987 年本科毕业时留校工作的同学就多达 50 位左右,基本上是毕业生的十分之一，迄今可能其他年级的数据难出其右。

第二，至今仍然在法大工作的八三级学生，其绝对数和相应比例亦当超过其他年级。应当说，上述现象既有 1987 年昌平新校开始启用需要更多教师和干部的原因，更有当年毕业的八三级学生综合条件确实相对优越的成分。

谈及对母校的贡献，应该说师资班是个独特亮点。这是在法大当时很难留住外语专业院校毕业的教师而学校（尤其是昌平新校）又亟需英语教师、法大八三级恰恰聚集了一大批高考英语成绩优秀的学生的背景下，经外语教研室的负责人李荣甫、马改秀等老师倡议和推动，最终由主管教学的江平副校长果断拍板而创立，入选的学生毕业时拿到的是法学学士学位，因为他们都完成了三年的绝大部分法学专业课程和在公检法部门及律师事务所的实习，第四年起则主要学习英语课程，之后又有至少一年的外国语学院进修履历，入职法大后专事英语教学。这项就地取材、存量转换的创举既有效地改变了法大英语教师亟缺和较不稳定的短板，又适应了法科学生的英语教师最好既精通外语又熟悉法律专业的独特需求，其长期效应亦绵延至今：师资班的很多八三级毕业生迄今活跃在法大英语教学和科研一线，不仅可以站上讲台给本科生、研究生授课，也可以俯身书桌撰写专业文章和编著法律英语教材，若干人还是兼职律师甚至拥有域外律师资质，总之，是法大年富力强、担当重任的跨专业骨干人才。

第三，曾经和迄今仍在学校"各级领导岗位"（这是笔者不太认同的一种评价标准，但由于其流传甚广、广为接受，姑且流俗从之）上的八三级学子，绝对人数和相应比例也大概率高于其他年级。

7. 从被"抢来"的不情不愿，到四年后热爱法律的念兹在兹，八三级很多同学经历了急转弯。据我有意识的口头调查，八三级相当比例的同学在报考时及入学伊始都并不钟情于法律专业，甚至相当比例同学的第一、第二志愿都不是法律学科。但今日看来，毕业

后投身于法律工作的占比十分可观。例如，我们 8 个人的宿舍里一度有 6 个半律师、1 个半公务员（1 个兼职律师姑且算半个），而对门二班的 8 位男生，如今是律师 6 位，法官、公证员各 1 位。令八三级印象极其深刻甚至直接改变了很多同学观念的一堂大课，来自开学伊始江老师的演讲。那是在学校专为八三级举行的迎新会上，阳光下、楼顶上的简陋但独特的环境里，五旬开外的他面对成绩和自视很高、校园环境导致的心理落差又很大的五百新生，那极富说服力和感染力的抑扬顿挫、字正腔圆、深入浅出、以理服人和以情动人的独特教诲，达到了稳定人心、描摹远景、激发动力的极佳效果，启蒙大课作用巨大、大师风采深入人心。

8. 另一种传奇：法大八三多伉俪。大学同学结为夫妇，本身并不稀奇，甚至较为合理和普遍，但如果有一个年级 500 人当中有 100 人在毕业之后走进了婚姻殿堂，成就了 50 对夫妻、占到总人数的 20%，恐怕不仅是创造了大学同届同学的恋爱成功率记录，甚至可能是高校里的某种美丽传奇了。当年很多外校男同学来访法大，惊讶和调侃我们局促校园的同时最容易发出的感叹是：你们居然男女生住在同一栋宿舍楼里？什么？你们还男女生比例基本上一比一？太羡慕啦！我们常常回应以幽默：这算啥，我们还共用一个澡堂呐！一三五女生用，二四六男生用！

不过平心而论，法大八三级同学间的超高恋爱成功率，除了校园空间狭小、男女比例均衡外，与分系、分班增加了同学的接触面，以及大量的同学毕业后奔赴当时很是偏远艰苦的昌平新校工作等独特原因，存在密切的关系。

9. 八三级的开学典礼上了 CCTV。1980 年代是中国改革开放聚力和发力的阶段，法大在那段时间的形式更名和实质腾飞，顺应了大时代的思想氛围、社会环境、舆论民心。记得官方权威媒体当时的宣传已经有"依法治国"的提法，在此大背景下中国政法大学的 1983—1984 学年开学典礼上了《新闻联播》，本人青涩而严肃的面孔也以特写镜头留存于 CCTV 的视频资料库中。（我听说自己"上了电视"是在 36 年前，远在四川的大舅专门致信我父母告知在新闻联播里看到外甥的"新闻"，但我亲眼看到自己的影像却是在近期。扫视的镜头里还有我们"老五班"的若干男女同学，而入镜的女同学中竟有两位已经作古。在此谨致沉痛哀悼。）顺便提一句，当年曾经有"把中国政法大学建成中国法学教育的最高学府、建成万人大学"的提法，今天至少后一个目标早已实现。

三、红衣蓝衣，各领风骚——法大 1980 年代的运动队

1980 年代法大的运动队很多，足篮排棒垒球和田径游泳一应俱全，"校队儿的"成为一种明显褒义的称谓。深蓝色和大红色套头训练服属于"传统"装束，略显落伍，因为它胸前的字样是"北京政法学院"，尽管那白色"油漆状"字体看上去和摸起来都很具立体感；拉链式天蓝色和暗红色带雪白饰条的长袖装，分别是冬夏领奖服，这两款比较新潮，不仅面料材质和设计不同，关键是它胸前的字样分别是"法大""中国政法大学"，穿上它，用当时的话说"那叫一个飒"！运动队队服受到羡慕，不仅因为它标志着运动才能，或许还意味着某种福利——穿它的人不仅穿衣免费，还有训练伙食补贴呢，要知道那可是吃饭用饭票、饭票对应粮票的时代啊！不过校园里身穿运动服的同学未必都是运动队的，同班同舍的同学，瞅冷子抓起一件校队儿衣服就大摇大摆去了食堂，或者去了北太平庄，这是常事儿——谁不想飒一下呢？

应当说，当时法大特色鲜明的运动队当属"男棒女垒"，它不仅具有辉煌的历史成绩（曾获全国高校冠军），队员们的"武器装备"还真是与众不同。拎着大大的手套、潇洒地掭着球棒，在夕阳里穿过校园的身影格外拉风。不过在校队队员圈子里，最被"羡慕嫉妒恨"的当属游泳队。纳尼？开玩笑？一个没有游泳池的大学，居然有游泳队，这不是相当于内陆国家的海军嘛！不过，听俺这校队二

百米蛙泳选手介绍一下法大泳队的成绩，您的羡慕嫉妒可以继续，但要把"恨"变成"服"才对，为甚哩？游泳队从泳帽、泳镜、运动衣裤一直"发"到泳衣、泳裤、毛巾、浴巾、领奖服、军大衣，够齐全不假，但也是极必需的；训练要学校派车去公主坟的"海司"或者平安里的"总参"游泳馆，也算是"奢侈"，但是，但是！重点来了：1980年代，至少在八三级在校期间的"黄金中段"，即1983—1987年，我没有听到全校哪个运动队的高校比赛成绩比游泳队的更好！不仅如此，游泳队的成绩相当过硬：

其一，当时的北京高校运动会，田径和球类都分甲乙两组而法大只能屈居乙组，根本没机会与北大、清华、钢院、北航等强手过招，而游泳队则是所有高校的选手同池竞技。

其二，至少我在校队"服役"的三年里，法大女队年年有人拿到奖牌，男队也有人进入前八名、为法大拿分，八零级李雪梅、八一级王晓敏、八二级成再忠、八三级吕志华……都是得分好手。

其三，最为辉煌的是，1985年6月15日在北京大学，我校政治系八四级沈小英同学，一举打破高校女子纪录，独揽两枚金牌，并且帮助我校女队在高校八强中位居第五！女队这个成绩，恐怕在整个1980年代的法大校队里，都独领风骚、无人企及。在6月29号的《中国政法大学》校报上，我以"浪花里的捷报"为题，记述了这段华彩篇章。

今天回忆这段运动往事，我要特别提及法大游泳队当时的教练，温文尔雅的中年人林木森老师、美丽而干练的青年教师岳小雯（曾获全国花样游泳双人游桂冠）。

四、校园里的老师们

大学之大，不在于大楼而在于大师。我们本科期间盘桓过四年的法大老校，最终令我们增长学识、摆脱青涩、提升素质的，当然是给我们传道授业解惑且关心我们心灵成长的老师们。

　　我在大三实习结束后才突然感到时间过得太快，意识到自己学的东西非常有限，于是决心考研深造，坦率地讲，当时竟然完全没有报考其他大学的想法。本来呢，考研可以是一次弥补四年前与心仪的第一志愿本科大学失之交臂的遗憾、再度尝试拥抱的好机会，但究其原因，对法大这片小小的校园的情感，早已经从初始的委屈、抱怨悄然转化为熟悉、挚爱，归属感深植于心，而校园里真正让我们产生亲切和依恋情感的，是人，是学识渊博、和善儒雅的恩师。本科后期，我有很强烈的感觉，如果能更多听到汪瑄、朱奇武、杜汝辑等老教授的讲座，如果能更多选择江平、陈光中、张晋藩、应松年、徐杰、严端、巫昌祯、薛梅卿、吴焕宁等知名学者的课程，如果能与亲如兄长的辅导员及青年教师刘国庆、冯鹤年等一起读研究生，该是何等的受益和惬意！

　　其实，教过我们八三级的众多老师，他们的名字、形象甚至讲课花絮、口音细节，经常在同学们相聚的场合被快乐地提起，构成我们1980年代丰富多彩的青春记忆。

　　例如，讲授中国法律思想史的林中老师是张晋藩老师的妻子，她讲到商王，我听到的是"山丸"，但听起来饶有趣味。

　　英语老师李荣甫先生的上海腔普通话，叫到某些同学的名字时会产生莫名的喜感，例如把金有核喊作"金游孩"，我们至今经常沿用。

　　冯季良老师以其醇厚声线读出的纯正英语发音，则无疑提升了同学们的跟读和朗读兴趣。

　　如果要模仿杨伯攸老师浓郁的四川话，"法学基础理论"你需要读作"罚 xuo 鸡雏哩轮"。

　　张佩霖老师是最经常到学生宿舍里与同学交流的专业课教师之一，他会手里拿着助听器（我记得当时他用的助听器实际上是一个连接着单边耳塞的米黄色方盒状麦克风）与你探讨民法理论，并且告知他的研究兴趣尤其在于继承法。

　　裴广川老师讲解的刑法"正当防卫"案例里，勇敢机智的女青年将拦路强奸未遂犯（当时的用语未强调"嫌疑人"概念）推下路边粪坑、并且持续阻止其爬出的画面感，以及"防止其继续追击"的独特用词，在课堂上引发爆笑之后，很长时间都是大家的话题和笑点……

　　转眼三十多年过去，我们敬爱的江平老师即将迎来 90 岁的生日，我的硕士导师徐杰先生也已经年过八旬。是啊，当年活跃在法大校园的生龙活虎的八三级，也已经是弃五奔六的年纪！

　　江山代有才人出，各领风骚数百年。青山在，人不老。祝福，我们的法大！祝福，我提到和没有提到的法大的恩师们！

2019 年 11 月 25 日

于北京

小律师的法大情怀

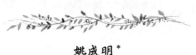

姚成明[*]

　　1988年从中国政法大学毕业，迄今已整整30年了，伟人说的弹指一挥间，我是真正的体会到了。前些日子，韩加龙同学（应该是真正意义上的老兄）让我写篇回忆类的文章，用于法大法学院40周年院庆编写校友回忆录，母校在地方上一般称为"中政大"，但我还是感觉"法大"更亲切，"法大"这两个字注定是我此生割舍不掉的。我恐自己文字功底已不是最好，怕写不好，加龙兄说认真写，真情实感就行。因为毕业以来一直在这个北方八线小城从事律师职业，虽也常与家人朋友提及当年上学的一些事情，但很难彻底静下心来整理自己的思绪，回忆往事有时候是很兴奋的，有些时候也是很伤感的，毕竟人不能回到从前，暂且把一些往事都当作美好的回忆写出来，作为一个小律师从法大毕业30年的一份小小的献礼。

　　祝福我的母校蒸蒸日上，祝福法大的明天更加美好！

露宿天安门广场

　　1984年8月初的一天，我正在村里给邻居家帮工，邻居家翻盖房子，我的营生是和泥，因为村里面人家经常有互相帮工的习惯，我也是按照母亲的吩咐去的，突然听到大队（那时候还不叫村委会）

---

　　[*]　1984级，现就职于山西君衡律师事务所。

喇叭广播说有我的信，我立刻知道是录取通知书来了，我放下干活的工具飞奔而去，一个普通的信封，"中国政法大学"六个字把我的心彻底放了下来，那时的录取通知书不像现在那样的精致美观，但在我心中是沉甸甸的，拿到通知书的那一刻，我的内心世界是，再也不用种地了，再也不用面朝黄土背朝天了。因为我深深知道汗滴禾下土的艰辛滋味，我也十分懂得只有知识才能改变命运，直到现在，虽然我们的国家整体上已经发生了翻天覆地的变化，但在广大的农村，很多人仍然生活得很艰苦、很无奈。这些年来，我始终怀着一颗感恩的心去认真做好每一项委托之事，时刻牢记不能给法大丢人，如果不是高考，我不敢想象我的今天会是什么样子，更不敢想象我的未来，虽然我不喜欢高考，但我感谢高考！

当时我们全家人也都十分高兴，但没有举行任何的庆贺宴席，能考上法大，在当时是非常了不得的，虽然村里每年都有学生考上大学，也不乏名牌大学，还有一个考上了清华大学，这些农家子弟都经过自己的奋斗，过上了幸福的生活。8月20号左右，我和父母亲及婶子一起坐上了去北京的火车，带着350元钱（其中借邻居150元）。我们都是第一次到北京，因为是提前来的，就决定先去天安门广场，我们在天安门广场游览了大半天，照了相（那几张黑白照片现在仍然在我老家珍藏），后又去了著名的王府井大街游览，其间，因为我母亲扔了一张废纸被戴红袖章的中年妇女罚款五角，虽然我们再三求情，也无济于事。一心想去毛主席纪念堂看看伟大的领袖，但那几天可能是维修还是什么原因，始终未能如愿。参加工作后，我曾多次想再次领上老母亲去北京，但一直没有如愿，现在母亲身体不方便，我十分担心没有机会再让她老人家去北京了，这也许会成为我的一件非常遗憾的事。当天晚上，为了省钱，我们决定在天安门广场露宿，当时在广场上席地而息的人也不少，我们也没觉得有什么不好，最可气的是广场上的蚊子实在太多、太厉害，把我的小腿咬得很厉害，好几天才消肿下去。还有那些所谓的红袖章不时地过来让赶紧起来，吵得我们彻夜难眠。

去了学校报到后，我们一家人在食堂吃了一顿饭，最便宜的菠菜粉丝，一角五分钱，买了三份四个人一起吃。当时我最大的感受是学校的校园实在是太小了、太破了，甚至还不如我的中学校园，但我很快平静下来，我想毕竟这里是法大，毕竟是多少人想来的地方。

我把父母亲送到回家的火车上，眼睛有些湿润。

酸 奶

我属于那种性格内向、不爱多说话，又循规蹈矩的人。大学四年，除了和本宿舍本班的同学熟悉之外，也就是和一些山西老乡有交道，与其他的同学接触得比较少。那时候，我印象最深的是上课敲饭盆，一般上课时书包里就装着饭盆，在上午十一点多以后，大教室的后排就有人小声地敲起了饭盆，讲课的老师也不制止，也不生气，继续讲法学基础理论、外国法制史，敲声越来越响，老师也体谅学生，就提前下课了，同学们都飞奔食堂，宫爆肉丁、木须肉都是最爱。当然上小课就不敢了，谁都不愿意明目张胆地不尊重老师。我那时是极少逃课的，且上课听得也很认真，做的笔记经常有同班同学来借阅，除了老师讲课的内容外，我还会把自己的一些想法也写在笔记本上，课间休息时，我经常坐在原位不动，有时会陷入深深的思考。毕业前，大部分书本都卖掉或扔掉了，只剩下一摞笔记本，几次搬家都没有舍得扔掉，它可能会成为很珍贵的东西了。还有一本梁华仁教授主编的刑法学，这是大学四年最后留下的。前些年有一个案子，我还建议当事人去寻求梁教授的帮助，虽然梁教授精辟的论述，严谨的工作作风，让办理案件的法官称赞不已，但最终还是没有能够刀下留人。

这几年，也经常看到法大的一些重大新闻，2017年习近平总书记在五四青年节前夕到法大考察，就像是在昨天一样历历在目。一

提到法大，我总会为之一振，甚至每年的高考我都会特别关注法大的录取分数线，这不就是法大的烙印吗？

上大学那时，每天中午总习惯午休，下午没有课时还会睡得时间更长一些，但不知什么原因，午休起来总是头疼，也没有去找过医生，那会儿就在七号楼对面有唯一的一个商店，里面主要是卖一些日常用品，比如笔记本、信纸（记忆中在侧面印有"北京市第一公共汽车公司"），是我们经常买的。后来，同宿舍的杨文革同学请我喝酸奶（每瓶1角5分），以前不知道酸奶为何物，结果奇迹出现了，喝了酸奶以后，头疼立马减轻或消失，再以后我就不断地和几个经常往来的同学互相请喝酸奶，我的主要目的是治头疼，以至于到现在一直养成了喝酸奶的好习惯，每次去北京，总忘不了喝几瓶北京的酸奶，只是，酸奶的价格已今非昔比，还好，能喝得起。

人民商场爆炸案

1987年的夏天，辅导员老师带着我们班三十多号热血青年，踏上了去往石家庄的火车，开始了为期三个多月的实习，刚下火车时，石家庄站正在搞维修作业，道路尘土飞扬，热浪难挡。有意思的是，辅导员老师还把她的飞鸽牌自行车也托运到了石家庄，目的是为了方便去各个实习点看望同学们，我们也是自带行李。我和另外两个同学被安排在石家庄市法律顾问处，那个阶段的实习经历对于我后来的工作有很深的影响，当时顾问处的律师们也非常热情地欢迎我们，顾问处的主任也是法大校友——一级律师胡开谋。在实习结束时，对我们几个同学的评价都很高，还赠送了纪念品，并用顾问处的北京212吉普车把我们送到车站。

我跟随顾问处的张明寿律师办案，该律师为人善良，敬业爱岗，完全把我当成自己的小兄弟，多次请我去他家做客，虽然毕业后再未多联系，但我一直心存感恩。

印象最深的是一个发生在石家庄市中心最大的人民商场（后来

可能更名为"东方购物广场")的爆炸案。无极县的一个二十多岁的农村青年，怀揣辛苦积攒的 2000 元钱到石家庄购置结婚用品，被骗。看到人民商场卖电视机的柜台人来人往，现金不断地在售货员手中流过，突发奇想。遂回无极县搞到一些黑火药，想趁机点燃火药，造成一片烟雾，然后抢劫柜台内的现金，在商场内连续转悠 3 天，也未点燃那些黑火药，因形迹可疑，被保安抓获。一审获无期徒刑，上诉至省高院，我随张律师到省高院办理此案，我第一次完整地撰写了辩护词，并提出了该案应该搞一个侦查实验，来验证一下该黑火药的爆炸危害程度。省高院的法官称赞说，中政大的学生素质就是不错，然而，二审维持原判。现在那个农村青年应该早已出狱，但他的青春已去。做律师这些年来，我还常常想起这个案子，总是感觉那个青年罪不至无期。

2001 年，石家庄又发生了震惊全国的特大爆炸案，死 108 人，伤 38 人，罪犯伏法后不久，最高院即出台了关于涉及爆炸物刑事案件的新司法解释。

社会在不断地进步，法治也在不断地向前，但每一次的前进，总有各种各样的代价，甚至是鲜血或生命。

永远在路上

1988 年毕业分配，到山西省劳改局报到后，被告知要去某某劳改砖厂工作，那不是我所想去的地方，后阴差阳错，回到了我的家乡小城阳泉（官方还称为中共第一城），从事律师职业至今，虽不能大富大贵，亦衣食无忧，好多熟悉我的朋友都说，像我这样的人，可能做法官更好，但我更相信，律师兴，则法治兴。

从事律师职业以后，经常听到人们对法大的赞誉，每每有人将我做介绍时，我心中充满了自豪，时刻将法大的精神装在我的心中，可以平凡，但不能平庸。我能做到的就是，认真办理好委托人交办的每个事项，通过个案的精彩辩护来间接地推动法治向前和老百姓的知法守法。心怀忧国之情，恪尽本分之责，足矣。

2001 年，我代表山西省参加了首届全国律师电视辩论大赛，获三等奖和优秀辩手奖，这是至高的荣誉，在比赛现场，我还有幸见到了两位八四级的法大同学。

当年和我一起参加这次辩论大赛的律师，都已去了北京、广州发展，唯我坚守故土，默默无闻地做一个理性、良知、诚信的法大小律师。

法治中国，任重而道远。

回去晚了，学校会给我们留饭的

郭恒忠[*]

以前的法大食堂是什么样子，我不是特别清楚，我们入校后，学校主要领导非常重视学生食堂工作，配备后勤处的翟副处长——一个退伍女军人专门负责食堂的领导工作。

我和法大食堂还有一点渊源，入校参加的第一个学生社团"组织"，就是学校的"学生会伙食管理委员会"，后来还担任这个委员会的副主任，在八四级经济法三班李想（学生会副主席、伙食管委会主任，现任上海某集团公司董事长）的领导下，为做好食堂和学生的沟通做了一定的工作。上大学那些年，可以自夸地说，法大食堂的伙食是北京高校中最好的，品种多样，物美价廉。具体数字记不清了，印象中学校每年对食堂的补贴很大。翟副处长经常问我们有什么意见，学生会还做过这方面的调查，凡是提出的问题，食堂都做了改进，包括后来在食堂二楼开小炒窗口，延长开饭时间，等等。

其实，参与伙食管委会的八五级同学不止我一个，还有张荣（法三，原在上海市人大常委会任职，后自办公司）、高旭明（法四，现任河北省元氏县委常委、宣传部部长）、崔健（政治系政治学，现任北京某集团董事长）等人。高年级那边还有八三级政治系的延东苹（现任职于一家北京律师事务所），研究生那边有张金龙（河北张金龙律师事务所主任，这也是河北第一家以个人名义成立的律师事务所）、

---

* 1985级，现任《法制日报》主任编辑。

李静（本科为华东政法大学，现任天津市高级人民法院院长）等人。

学校领导这边是常务副校长甘绩华老师亲自抓食堂工作，我也是那个时候和甘校长打交道多了一些，后来也没断联系。甘校长后来调任司法部教育司司长。他退休后，我还到他家去拜过年。他的女婿就是有名的加拿大留学生"大山"，前些年在北京火得不得了。春节后，我曾约请甘校长吃饭，后来一直忙也没践约。想来，我做得太不对了。

甘校长调走之后，学校这边是校党委副书记杨克负责食堂的领导工作。杨书记工作态度非常认真，每次召集学生会的干部开会，都会问大家对食堂的意见。我们提的意见，后来都有结果。他女儿就是当时中国女排的杨希，曾被我们学生会请来作过报告。女排夺得"五连冠"后，学校发贺电，曾在全校征电文，我的被选中了。有幸和杨希握手——当然不只是握手了，我还负责那次演讲的一些琐事的组织协调工作。杨书记当时在二号楼里有一间宿舍，杨希作完报告后就在那里吃的饭，菜是从食堂里买的大锅菜。记得杨希还夸过我们的饭菜，说不比她们的差。当时我还想，女排的英雄和我们吃的差不多，这怎么可能呢？

再后来，大家都记得了，我们几百人深夜回来，疲惫饥饿至极，学校广播里告诉我们，食堂还给我们准备了热汤、热饭、热菜，还有新烙好的馅饼。同来的北大、清华的同学羡慕坏了，多少年后，有些人成了很好的朋友了，他们还记得这件事儿。那是现已退休的解战原副书记兼副校长给安排的。后来，我和解老师交往挺多，代表同学们向他表达过感谢。他"哈哈"一笑，说："感谢是哪里的话呢？不管什么事回家晚了，家里也会给你们留饭的。"

原来，我们食堂的饭菜好是有原因的，从校长到食堂的师傅，都把我们学生当作家人。这么多年来，对学校的感情一直没变，甚至越来越深厚，恐怕也不只是食堂的饭菜好，确实是因为学校把我们当作家人，我们把学校当作家。

忆陈三

陈 杰 *

法大八五校园诗人、手工木匠艺人、美食达人陈正宾（陈三），睡在我上铺的兄弟，一起上过街、一起泡过妞、一起偷过菜、一起闯过江湖混在中关村、互相蹭吃蹭喝蹭住、帮我背过黑锅、我帮他扛过事、坏过我好事、占过我便宜、帮我打过架、我帮他偷偷摸摸主持过婚礼的兄弟，2014 年 5 月 22 日因心脏病去世了。

算起来我和三也有是三四年未见了，2014 年初携家人来京，老友小聚，他走错路，错过！上月，为帮一些做中匈文化交流活动的朋友出点主意，被大家约到了璃墟，这是我几年来第一次出现在陈三的"伙房"，但可惜陈三外出未归，又没有见上！

虽然我对陈三最近的生活状态也并不十分掌握，但是对他，任何时候即使不期而遇，我也不会觉得有任何的陌生感和疏离感！我们总是时而紧密往来，然后又各自散去，再又交集，再又自顾自忙，如此反复，自然而然！

作为诗人的陈三、作为厨师的陈三、作为木匠的陈三，凡其角色转化变换的关节处，或多或少，都必会与我有所交联。这次也不例外，我临时被改变行程，返回北京开一个莫名其妙的会议，没想到，竟是为了送他一程！这大约就是我们的缘分吧。

刚上大学的一个清晨，我在晓月河边散步，陈三伸展着胳膊腿

---

* 1985 级政治系。

迎面向我走来，在向空中踢出两个虎虎有声的漂亮的后摆腿后，他向我做了自我介绍，说和我是老乡，我们就此认识。最初的话题居然是他也想学俄语，让我帮忙打听是否可以转到俄语班来。这让从小学俄语而时时懊丧的我顿时觉得这哥们真是有趣得紧，放着好好的英语不学，却想从头来学这运用范围十分有限狭窄的"衰"语言，真是奇怪得紧！

最后当然是转班不成，但却让我从此对这个实则高我一级的家伙（1984年他因为耍朋友之类的事而落榜复读）刮目相看，好一个有性格的人！

虽然我们在开始的一年里，并不住一个宿舍，虽然他另有最好的基友（那时并没有这个词）——形影不离的阳勇同学，但自此之后，我们的交往也就多了起来。

他几次或公开或地下的半真半假的恋爱（应该按四川话说"耍朋友"更准确）、他跟随伙同北影厂的几位朋友办公司印盗版卡带赚了黑心钱买好烟抽，到处显摆，因为跳舞争舞伴斗气之类的原因还好几次通知我们做好准备参加群体打斗，但最后都不了了之，种种行状，几乎都没瞒过我。

陈三通音律且身体协调，喜欢跳舞，舞姿优美，在舞场上广受欢迎。我不会跳交谊舞，但是在中学时却学会了跳迪斯科，一旦在舞场上发挥开来，也就只有我和陈三两人能对舞狂扭，其他同学多半只有在一边旁观欣赏的份儿，这种默契配合，使得陈三常常来叫我一起去参加舞会。

陈三写得一手好字，除了常常参与办个板报外，记得他那首获奖的"致我爱过的所有女孩"，就是当着我的面用特制的钢笔写在红色线框的大格子稿签上的，很有硬笔书法的范儿。我们有专门的书法课，但陈三并不特别练习也不去参加书法协会、书法比赛之类的活动。但是他非常热心，除了时时参与办个板报外，凡是求助于他写个启示、通告等各类海报的，他都一概帮忙，我所执笔的那篇一不小心被收录进"某年首都大学生大字纸录"的团刊征稿启事，就是由他书写而成并和我以及陈宏炜同学一起去张贴的。

毕业典礼后的几天，同学们各作鸟散，校园内已是空旷寂寥，陈三是在午后离开的，因某个女友家要为他饯行，没让我送。行前我掏出十块钱给他，陈三做惺惺状，掏出钢笔，在钱上写道，这十块钱是陈杰给我的，我要到最困难身无分文时才用它。他后来不无演艺或吹牛地告诉其他同学说，他从七号楼前骑车离开，回头挥别时，看到我眼里似有泪水——难过是有点，但这个倒是真没有。

大学毕业后，陈三南漂两年，后北上返京创业，第一站落脚在我单顶楼办公室的宿舍，懒懒地在床上躺了三四天，我天天给他打饭，他是足不出户、天天看武侠！直到单位领导批评我，他才离开。休整充分之后，他进入中关村打工卖电脑、创业、开饭馆，从此在京，周末的时候我多了一个蹭吃蹭睡的地方！

陈三最早开的餐厅是 1991 年底开在知春路的一片居民楼的一家重庆火锅馆，叫"四川元亨鱼火锅"，那时卢绪毅等混在村里，银子赚得多的同学没少去他那里招待客户！我也常去，不过因为荷包羞涩，常常是去蹭一碗面。比起他家的火锅，身为重庆人，还是觉得他家的面更好吃一些，当然也是因为在北京吃不到正宗的重庆小面的原因。之后在亚运村火红了很多年的"大红灯笼火锅"，去捧场的时候就多些了，不过客观的说，那火锅味道实在一般！"金谷仓"刚开始的一些家常菜还是可以的，一百一位，不点菜，关键是不辣，味道家常，很有特色。川菜百菜百味，辣并非唯一味征，陈三是很明白的。望京的"木当枕"和再之后的地方就去得少了！年龄渐长，不喜在外吃饭，而且陈三的店不适合商务应酬。

陈三的餐厅我去得不是很多，但他家里的饭，在当年，我肯定是吃得最多的朋友！

对于一个四川人而言，1980 年代北京高校食堂的饭实在是十分难吃的！法大算好的，但也是十分单调无味！但大家都穷，下不起

馆子，更莫说小饭馆的菜同样难吃了！陈三做饭的天分是在大学过节聚餐时显露出来的，那时候的大学到了元旦各班都要包饺子，还要做点凉菜、买点熟肉制品，喝点酒水！

陈三在这一年唯一一次的机会中，展露出厨艺天赋，煎炒烹炖，为大家、为自己好好改善了一把！其当年的主打特色菜是水煮鱼，做法类似重庆江湖菜机场水煮鱼的那种做法，丰富、平衡、调和的滋味；而不是曾风行北京的那一款——一盆汤几乎就只是一盆炒过花椒和辣椒、加多了味精的热油，这对于一个真正的口味爱好者，是十分粗陋的！但是陈三的做法，比之重庆机场鱼，几种辛辣之物都用得适度而恰当，所以口味更家常，对味蕾和肠胃更友善亲和，多食无害！（陈三后来倡导的不用味精、鸡精等调味品的"家里的饭菜"，大约伏脉于此时吧。）这菜之所以成为陈三的主推菜，最重要的是，那时钱少，买鱼不多，久炖之后，鱼味入汤汁，再加入土豆、白菜、芹菜，甚或萝卜，味道鲜美，下米饭、就馒头，肯吞之极！

这也是我从陈三处学会的唯一一道菜，工作之初，条件好的同学朋友间或会招待我下馆子吃饭，无钱的我，也会想办法做几道菜，来回请答谢！从陈三处学来的这道水煮鱼常常都是主菜。

想起在大学时代的那些寒冷的冬夜，我们有时也会用电水壶，拌上从家里带来的火锅底料或者是富顺香辣酱烧一锅汤，手头宽裕时，会从食堂买点一角六一两的小蒜肠（里面有些肥肉块）一起煮上多点油腥，再去食堂外顺点（我们那时常说，读书人的事，不叫偷哈）冬天储藏的大白菜、萝卜之类的东西煮上，名之曰简易水煮菜，就点冷干馒头，实在是好饭好滋味！

1990 年代中后期，我离开北京一段时间，再回来时，陈三却已关闭餐厅准备转行，而且也已经做出了一批木制工艺品，其特色是用老料，依据木头本身的形状，辅以麻绳、瓦块、石头、皮条等纯自然材料，做出一个有实用功能的装饰品（如台灯、cd 架、杂物盒等），很有特色和味道。他认为开饭馆就只能赚几个钱，不能满足他对创造和表现的追求，只要说到做原生木头手工艺品的种种构想，他就眉飞色舞，而且对市场销售的前景也非常乐观、充满信心。那一刻，我知道，陈三骨子里一直都还是那个有诗人气质的浪漫青年。

字如其人、诗如其人、作品如其人，陈三一生感情生活也是多姿多彩，不安和多变也是一个重要的主题，我不知道陈三这种阴郁沉重的色系偏好，是否是与此相关或者来源于其更早期生活的某些印刻？

陈三那么早下海经商，心灵手巧，是最早有较好物质条件的同学，但是几经折腾打回原形，可能不光是性格使然！几挫几起，其率性放达，皮实顽强，也非常人所及！这不，其事业收入刚又有起色，却又一走了之，对于其亲人，这回是真的回到了起点线以下了！

陈三到底是个什么样的人呢？几经反复，我对他的看法，基本定格为，毛病不少但本性真实、善良、真诚、内心骄傲！同时是个非常有趣、非常灵醒、非常特别的家伙，那么多年轻女孩喜欢他，还不图他啥！身后，曾经的朋友们对他的事都尽心尽力，有情有义！这岂是常人可以做到的！

学习《百家姓》 想念众师友

李秀梅*

人才选拔，昔有科考；术有专攻，今有高考。一孩高考，全家心焦；断了高考，全国乱套。若无高考，泱泱大国，机会均等，有何妙招？环顾全球，不独华夏，五洲各国，考乃大道。

2019年5月16日，当我正在为母校恢复高考40周年写点儿文字而绞尽脑汁的时候，母校67周年校庆正在昌平备受注目之中进行——在场的师生员工一定满怀欣喜、笑逐颜开，在近处或远处围观的我们一同祝福母校，为母校感到自豪和骄傲。

33年，仿佛弹指一挥间即成云烟，写点儿什么才好？视力、才力、时间皆不济，是否有捷径可抄？

记忆之中的七号楼、食堂、水房、操场、图书馆、联合楼要么拆除，要么废弃，要么改建，思念仿佛无处可以寄托了。还好，三号楼依然"小姑独处"；2010年10月16日我们年级举办毕业20周年大聚会之后，我幸福地和几位系友到幸存的宿舍楼转悠了一趟——我是应届生中唯一由政治系考入研究生院（读民事诉讼法专业）的，也算和校名中的"政法"两个字都有了关联，读研时一直住在那幢楼的315房间。哎呀，究竟从何谈起呢？搬出聚会之时人手一册的《法大86通讯录》、聚会之后孙国栋编辑的《法大86：不可复制的青春》，读着亲同学的名字，翻阅同学们精彩纷呈的文字，沉思良

* 1986级，现任中国共产党北京市委员会党校（北京行政学院）法学教研部教师。

久，计上心来，终于喜上眉梢：以老版《百家姓》里的姓氏排列为序，想念40位老师和同学。

八六级全年级，4个系，在册者405人，还有记得或不记得的许多老师呢。虽然我的交游几乎一直局限于政治系，但是，不能永远"故步自封"，必须借机来一次大面积的"骚扰"。思来想去，计算来比划去，我自定目标："永远的校长"江平当"领头羊"；"法大86联合舰队"群主于绪刚当"队长"；年级四大姓之一位同学当"小队长"；34名队员嘛，则一视同仁地主要从"单枪匹马"的师生中去寻找。

根据2019年1月国家统计局的数据，当前我国排行前四位的姓氏为王、李、张、刘。我们八六级同学姓氏共有127个，排列前四位的也证据一般地吻合于王（40）、张（35）、李（27）、刘（22）。那么，我就选择两个"王辉"中的第一个（法律系三班的王辉，后来改名为王挥），异系的异性知己；张奇，我们政治学班的一任班长，永远的班长；排在"李"姓最后的李治平（政教班）；排在"刘"姓第一的刘丹（法律系一班）。

34名队员，可不能仅仅凭孤陋寡闻的我自以为是就"定调"；大数据时代了，还是连接网络吧，瞪着眼睛查找、参照、比较，自我排序，将"对象"一一来敲。这个过程，真可谓万选千挑。3位老师和31位同学，几乎全部是我高中毕业之后得知的拥有这些姓氏的首位"真人"。

主角较多，篇幅有限，我就赶鸭子上架地码放下面的汉字"投机取巧"。

NO.1 江平老师

跻身全国法学界，吾父亦知其大名。

虽是校长我不识，系小法科不躬行。

待得那年上学期，拦阻学生慈父情。

毕业证上无印信，毕业典礼唤江平。

年岁渐长更识君，法治天下梦不醒。

《八十自述》逐字读，加深了解更钦敬。

随处"人生不满百，常怀千岁忧"可顶。

亦步亦趋学獬豸，呼唤法治老小兵。

恭愿吾师奔期颐，呐喊法治享康宁。

NO.2 于旭刚

旭日东升连云港，联合舰队把舵掌。

日月于征浑不怕，嬉笑怒骂群里趟。

闺女求学跨大洋，全因父母自信强。

育儿经验我听进，放手我家小于郎。

NO.3 王挥

自学吉他弹得棒，"轻飘飘的旧时光"追。

毕业滞留在法大，洗涤球衣有一回。

当了法官在沈阳，游访同学上东北。

棋盘山上共徘徊，怪坡一带笑声飞。

携妻南下深圳湾，一旦经过定相会。

中央党校来学习，夜游夏园快步归。

赠我一本大影集，青春往事正好吹。

不乘飞机也出行，一路风景喜相随。

NO.4 张奇

中国文化北方胜，北方文化中原集。

乡村干部驻马店，领导才能有儿袭。

竞选班长好传统，一朝当选难自弃。

拓荒昌平系转校，组织招生相次第。

得机郊区转中央，统战部里公务急。

余暇且邀文化游，谈笑风生同学喜。

NO.5 李治平

"你们将来当县长"，常讲此话徐理明。

口号可爱又可笑，终于真有李治平。

绵阳市里平武县，风景绝美人更勤。

昔年曾将儿川游，涪江边上赏月明。

宵衣旰食连轴转，书记位上仍清名。

中国特色党领导，一声"书记"显深情。

九泉之下徐师笑，理论践行人亭亭。

NO.6 刘丹

刑诉民诉在一班，低调高调各斑斓。

九三同游选青岛，石老人海浪我惨。

经济法博士登攀，携手军医品欣安。

薛郎援疆刚返京，援教新疆情可赞。

淡泊宁静蕴馨香，桃李满园在杏坛。

NO.7 窦志国

五子登科窦禹钧，哈市法官窦志国。

代表男生发感言，一讲成名更红火。

是是非非与对错，火眼金睛皆理妥。

雄鸡屹立黑龙江，高唱法治求卓荦。

NO.8 云大慧

霭霭停云，纵横大化，不喜不惧，随缘是慧。

NO.9 郎朋丰

郎生北国，有朋四方，丰衣足食，日月同光。

NO.10 薛春江

愚人节出生，陕西白水长。崇文东城转，昌平法院强。

NO.11 倪爱红

系外同乡，各自欢唱；非常友普茶楼，飘香。

NO.12 殷杰

两访殷墟，暗念主席；人如其名，君泰巨业。

NO.13 毕淑琴

言行如一，诚哉大姐；淑慎勤谨，琴瑟相谐。

NO.14 郝忠祥

郝家儿郎数忠祥，毕业归晋建家乡。肃肃宵征从不怨，贫困乡宁奔小康。

NO.15 邬冰

冰心玉壶，心灵自由；宠爱灵猫，见猫即邬。

NO.16 臧浩

臧否人物，浩气长存；网络虚拟，朗朗乾坤。

NO.17 项存奇

项羽虞姬情绝，中美之争存奇。

NO.18 霍玉芬老师（我的首任辅导员）

快人快语，霍然一亮。玉衣娄屑，勃发芬芳。惠风和畅，幸福吉祥。

NO.19 缪树权

翩翩公子，缪家树权。施教一方，正本清源。

NO.20 滑莹

源自滑国，滑寿跻鹊。晶莹剔透，此生自觉。

NO.21 裴毅

嘒彼小星，荆州俊郎。效力家乡，裴毅忒棒。

NO.22 甄颂育

首见甄人，果然真人。《杂·碎》耐读，颂情"育"法。

NO.23 储信顺

本溪水洞储美景，诚信做人顺一生。

NO.24 巫昌祯老师

四大才女巫师领，法律昌明挑重任。妇女维权诚紧要，男女平等神州祯。

NO.25 车兆东

车轮滚滚兆东方，依法治国华夏强。

NO.26 班彩雯

包头蓝天飘彩雯，多才多艺司纪检。跨班同舍常助我，有情有义记心间。

NO.27 郜永军

姓启郜国，文王之后。职业律师，永远神军。

NO.28 宿清

"许清许清"，曾丽萍曾声声唤；去国越洋，老板娘今天天赚。

NO.29 籍利民

学籍法大，冀州法官。功在利民，经纬万端。

NO.30 蒙玉清

赤峰棒槌远可观，红山女郎蒙伴研。玉洁冰清于人大，依法治国共婵娟。

NO.31 党亚萍

党校姓党，培训公仆。亚萍远嫁，公子明珠。姐妹皆母，二子悬殊。

NO.32 贡勇军

贡献首都，有勇有谋。依法治市，一军绸缪。

NO.33 牛忠东

牛气轰轰，来自远东。求学英伦，爱丁堡迥。教授宪法，逆耳言忠。

NO.34 容红

容止端庄，温良谦恭。定分止争，职场静红。

NO.35 古新功

小古清俊，道远任重。与时俱进，再立新功。

NO.36 冷友红

姓冷不冷，赫赫红心。执业律师，法治随行。

NO.37 阚红玮

阚家儿女，虽少却贵。阚丽君来，实乃高美。亭亭玉立，还有红玮。

NO.38 关键

章法有度，关心则乱。键入法理，房谋杜断。

NO.39 查海生老师

山查味酸，海子生短。辗转反侧，哲思迷乱。面对大海，花开春暖。

NO.40 汝仁利

鹤岗仁利，步步为营。伉俪情深，汝女娉婷。

于嗟乎，俱往矣，赏不够晓月河畔女同学的神采飞扬、婷婷袅袅，赏不够来自天南地北男同学的英姿勃发、虎背熊腰，道不尽同学们青春时代的乌发飘飘、学海浸泡、图书馆占座赛跑、食堂的锅碗瓢盆和二楼小炒，诉不尽一些同学的球场鼓噪、食堂跳舞地面沾脚、气傲心高、恣意招摇、毛手毛脚、折腾瞎闹，百听不厌或独唱或合唱的《光阴的故事》《童年》《外婆的澎湖湾》《一无所有》《恋曲1990》《明天会更好》……

回顾往昔，离开母校近卅年，在"法治天下"、成家立业的路途上，世事难料，为从刀制到水治的跨越、为柴米油盐酱醋茶，五湖四海的同学出汗出力把心操。现如今，我们虽然潘鬓已苍不再芳华年少，却仍然可以人人自比年岁相仿时发愤"老骥伏枥/志在千里/烈士暮年/壮心不已"的古人曹操。

望将来，为了推动构建人类命运共同体，我们要一如既往地各尽其力、群策群力、添砖加瓦、千锤万凿。一朝法大人，天之骄；一世法大情，永缠绕。纵然我们在一天天变老，但在母校这个共同的精神家园和温暖的怀抱，我们是内蕴无限生机、懂法讲理、有情有义的法律人，女生是叽叽喳喳、欢快笑闹、五颜六色的喜鸟，男生是说说笑笑、有头有脑、觥筹交错的绅士老道。

恭祝亲爱的老师人老心不老、依然江湖笑傲、喜看儿女孙辈膝下绕！

诚祝可爱的我们在内心里紧紧相互拥抱，彼此相互守望，一起继续创造和享受人生之美妙！

衷心祝愿挚爱的母校在今日走马上任、"自产自销"的新校长马怀德的领导之下，爱惜羽毛、再创辉煌、戒骄戒躁、快马加鞭地早日跻身世界名校！

5 月 16 日开笔
5 月 22 日完稿
5 月 23 日定稿
于西城区车公庄

风吹柳絮 茫茫难聚

刘　铁[*]

一

20 年返校聚会前，曾答应治平给他刻一枚朱文的印章，不久就买了块白色冻石，只是眼睛已经开始变花，后来更花得厉害，没有眼镜根本读不了任何东西。

前几天发愿，一定要在本月刻完。先是连续几个晚上查篆刻字典选字，一个字挑出几种字样备选。再打稿，选的字拼一起看哪种字样更适合，怎么搭配更好看。按描摹的草稿刻完，再盖章，看看哪些地方还应该更细，哪些地方再刻就断了，哪些地方还有石头茬，在白纸上有多余的朱点……再一点一点地修修补补，眼睛酸疼，脖子僵硬，手都快抽筋儿了，终于，刻章完工。

我用手机拍了张印章的照片给治平发过去，一方面，希望给治平一个惊喜；另一方面，也算是辛苦了好几天，等人夸几句诚不为过。

然而几次短信，均没有回复，而往常治平通常是在一分钟之内就作答。"治平这是怎么了？"我在心里悄悄地问自己好几遍。忍了一天，终于忍不住拨通他的电话，但电话声提示说不在服务区内，过十几分钟又打，还是如此。忽然有种不太好的预感，转而又嘲笑

---

* 1986 级，现就职于北京市中伦律师事务所。

自己是不是有些神经过敏？此时，脑海里不由自主地浮现出初识治平时他的样子：那时的他总是让我想起梁小龙扮演的陈真，对了，当时他是留着那样的发型，还真有一点像陈真，偶尔穿着灰色的中山装，上衣兜还插着杆钢笔……回忆仿佛透过一道微茫的光线，回首又看见当年那个一年四季都穿着夹克衫的治平，校门前还有大马车经过的马路，时兴穿马海毛和粗线毛衣的莘莘学子，江校长前额上横着的、有点儿名士派头儿的、几缕柔软的头发……一瞬间，这怀旧的光辉照亮了眼前黯淡而实际的世界。

二

再次拨了治平的电话，依旧提示不在服务区内。情急之下拨通了和治平同在四川绵阳的同学秀荣的电话，问治平是不是换号码了。

秀荣说，他也打不通，听说治平前几天下乡了，可能是信号不太好。又问我急不急，说过两天估计就可以打通了。我的担心放下了许多，但他忽又附加一句，治平这几天有点事。

"有点事？"不祥的预感再次从脑海里生出，在我的一再追问下，秀荣说，他也是刚听说治平摔了一下，具体情况不知，要晚上到治平家看看，等会儿问问他爱人再给我回复。

我一路往家走，一路心里着急。也许正因为厄运的突然，才发觉时光的短促，才越能想起过去的很多事来：我总是拿治平的四川口音打趣，比如"辣是个蓝的，累是个铝的"；他经常感慨"你们知不知道生下来就有一个城市户口是多么幸运，我们农村孩子却要苦苦奋斗十几年"。每当此时，我就觉得我做了回大寄生虫；还有治平笔记本上极漂亮的钢笔字、宿舍里插不进话的辩论、小月河边的散步、夕阳下北海琼岛的金柳、坐在床上弹吉他、卧谈会时黑暗中的声音，那声音里是治平描绘的最美的乡村……毕业时曾豪迈地想，不过是"无为在歧路""天涯若比邻"，然而这一别竟然是二十多年的"人生不相见，动如参与商"……

思绪忽又被担心拉了回来，总想尽快了解治平的安危，就又打电话给秀荣。他说，刚得知上周治平带几个人下乡考察，下山时从山上跌下去，磕了头，休克近一个小时。今天刚刚出院，人无大碍，正在家静养，手机打不通估计是怕人打扰。"果然是出了事"，我心里想。秀荣又给了我治平爱人的手机号，我立马打电话过去，接电话的是个四川口音的女士，问我是"喇依裹"。我问她是不是治平的爱人，她换成普通话问我是不是刘铁，然后把电话递给了治平。

电话里治平声音还算清朗，说上周四带一群人去山里，下山的时候是碎石路，当时脑袋顶着个雨衣，怕掉下来就一直双手扶着，忽然脚下一滑，又没抓住旁边的抓头，就一跤跌下去，正磕了脑袋，立马人就休克了。治平淡淡地说："居然就休克了，差点没完蛋。"

虽然之前就知道了大致经过，可心里还是像被揪了一下，叮嘱治平要好好检查，别有什么后遗症。另外让他给我个地址，好给他邮寄印章。但治平说别麻烦啦，说不定下月还来北京。挂了电话，短信问治平收到照片没有，答曰没有，让我重发。重发了至少三次，还是没收到，又拿了另一部手机拍了照片发过去，没有回音。

第二天，再给治平打电话时又关了机。我便上网和秀荣探问了些治平的情况。秀荣发来一张照片，是出事地点的照片，大大小小的砾石遍布山坡，地势雄奇惊险，是一个被称为"平武虎牙"的地方。联想起昨天治平在电话里说"咱们是大学时的好朋友"——这话让我惭愧，让我内心酸楚。想来治平这次出事，我甚至不能像一个普通同事那样，去他家里探望，刻个章连照片都不能让他看到，这也让我觉得自己是个很"用不着"的闲人，"大学时的好朋友"又算什么？

三

曾经有段要求必须背诵的中学课文——"真的猛士，敢于直面

惨淡的人生，敢于正视淋漓的鲜血"，但人生毕竟没有几次必须要慷慨赴死、踏着同伴的血肉往前冲的机会，所以通常"淋漓的鲜血"往往是飞来的横祸、从天而降的厄运。虽然我知道人世无常乃是常态，但听到好友突遭不幸时，心里还是会惴惴不安、五味杂陈，总希望大家能像话剧《茶馆》里王掌柜挂在嘴边的那句话一样，"硬硬朗朗儿的"，即使是生老病死也不要过于突然。

夜深人静时，我翻出 20 年聚会前治平发的一张近照，背景好像是在一个宗族祠堂前，治平着了便装，模样没怎么变，只是前额有些谢顶了。照片虽然是彩色的，整体却显示的是灰黑色调。

想来想去，觉得曾经如此难忘的同窗岁月，也许就是因为一个现在看来很可笑、说起来很肉麻的特点——大家那时都很单纯：在成长中互相欣赏着、批评着彼此的单纯，梦想中曾那么急切地盼望着一种仿佛能让人仰视的成熟，又同时在听到"为中华崛起而读书"时可以激动得热血沸腾，"自导自演"把自己的心连同全世界献给"冰凉的小手"……

汝窑之后，任再多能工巧匠，再没有人能烧出"雨过天晴破云处"的颜色，四年大学的青春，也是如此吧？

想起 2008 年汶川地震，治平所在的绵阳也是受灾地区。他对大家说，灾区急需农用喷雾器来消毒防震棚，我便和政治系当时在京的几位同学一同募捐买了几十个喷雾器托运过去。这大概是毕业后我们和治平合办的一件"大事儿"了。

2009 年，治平来京出差，已经约好了见面的时间，可他突然因为单位公干返川，再打电话时他已经在归途了，我常常后悔为什么不在接到电话时就赶过去见上一面？

下个月，是治平说要来的日子，但愿能像《肖申克的救赎》中的摩根·费里曼画外音所形容的那样：我希望再见我的朋友，紧紧握住他的手，我希望……

我也祈祷能在有生之年，能有一段自己的时间，遍访昔日友人。

席慕容在《暮歌》中写道:

我喜欢将暮未暮的原野
在这时候
所有的颜色都已沉静
而黑暗尚未来临
在山冈上那丛郁绿里
还有着最后一笔的激情
我也喜欢将暮未暮的人生
在这时候
所有的故事都已成型
而结局尚未来临
我微笑地再作一次回首
寻我那颗曾彷徨凄楚的心

法七班往事

董龙芳 *

中国政法大学即将迎来建校 70 周年华诞，学校党委宣传部拟邀请各届学生代表写点东西，集结成册，为母校 70 华诞献礼。我因作为中信信托 2019 江平法学教育慈善信托的初始捐赠人之一，被邀请出席信托成立大会并做了深情款款的发言（同学语），而被编辑部钦点为了八七级的代表。

我知道其实我是代表不了八七级的。

因为八七级实在是太精彩的一届。

而我，在校时却是"很傻很天真"的一个普通妹子，尤其在某些方面理解能力和感悟能力特别低下。以至于后来同学聚会时，听他们说起某些人、某些事，我才往往如醍醐灌顶般地恍然大悟"啊？原来是这样啊？"

所以，我只能说说法七班，这个我身在其中混了四年却是毕业后才明白很多事儿的班集体。

法七班能人荟萃，写诗的、办刊的、踢球的、跳舞的、弹吉他的、谈恋爱的、读毛选的、写书法的、喝大酒的、慢半拍的……好像都没个正经？不，我们也有竞争系学生干部并成功当选、干得热火朝天的。但是，论学习，似乎法七班一直比较稳定地处于中下游，以至于我们当年的辅导员张文天老师经常觉得面上无光。管他呢，

---

* 1987 级，现任北京市中伦律师事务所权益合伙人。

我们是素质班!

八七级是昌平校区的拓荒牛。因为没有前人引领，我们在那片黄土地黑土地上活得生龙活虎、恣意妄为。教学楼前刚刚平整的土地，尚未来得及硬化，北风吹来，黄沙飞扬，拍打着我们青春的脸庞；操场是用碎煤渣铺就的，我作为某人的迷妹，曾经偷偷地去看他们踢球，逢天干的时候，"绿茵"健将们扬起的灰尘，犹如五毛钱动画特效里百年老妖出场卷起的狂沙，一场球看下来，洗脸能洗出一盆黑水。

但是，我依然能忆起夕阳下，我背着书包、抱着坐垫，伴随着校广播室播放的苏芮的歌声，踏进教室晚自习的情景；想起"一二·九歌咏比赛"，我们唱《行军穿过佐治亚》的豪迈；想起班级晚会，我们互换礼物的期待和莫名的忧伤；想起军训时流下的乌黑的汗水和泪水；还有军都山上来自南方的我第一次吃到野酸枣时那种酸酸甜甜的味道，以及张文天老师那"狡黠"的笑容和闪烁的才华。那时候，我经常会找他借一些《朦胧诗选》之类的热门图书，并暗自无病呻吟地整一些抒发农村进城少女怀春梦想的稚嫩拙作。

其实，他是诙谐幽默而又真诚热情的。犹记得报到那天，他拎着一盘钥匙把我送到宿舍的样子，那时候我并不知道大学里有"辅导员"这种"动物"，怯怯地在心里想，这老师，未免也太嫩了些吧！后来发现，他会写诗、会吹笛、会表演、会"武功"，并且"骗术"高明。犹记得某年的愚人节，他骗倒了班上一批又一批，获得了超级骗子奖，以至于后来他即使面带笑容地找我们谈话，我都会心里打着鼓地想一想，他是不是另有深意？他的睿智、他的机敏，吸引着法七班50个男男女女，共同演绎出活蹦乱跳而又情深义重、狂放雄浑而又绚丽多彩的大学生活！他就是一个比我们大不了几岁的大哥哥，披着"辅导员"的外衣，与我们一路走来，构成"老不死的法七班"。

阔别法大三十多年，法七班的同学们大多都还是在各自岗位上

从事着与法律相关的工作，无论平凡还是杰出，我们都坚守着对法律的信仰，坚守着母校对我们的谆谆教诲，做一个守法的好公民，做一个敬业的法律工作者。我们知道，法律有它的缺陷，有它的不完美，有它的滞后性。惟其如此，才更加需要每一个法律工作者秉承职业的良心与责任，"以无情的目光论事，以慈悲的目光看人"，"和柔而不铨，刻廉而不刿"，从最基本的认知、最基本的法治理念入手，顺应人民群众对公共安全、司法公正、权益保障的新期待，强基固本，革弊推新，使得"人民有信仰、国家有力量、民族有希望"。

如今，我们都已是年届五十的中年人，我们经历了国家从贫穷到富强的变革历程，深知只有国家强大稳定，人民才有幸福自由。法大，教给了我们做人和做法律人的素养！即便不能青史留名，我们也终将不负时代、不枉此生！

壮哉，法大，你是法治的圣殿！幸哉，法七班，你是我心灵的港湾！

我的政法往事

阎　民*

光阴荏苒，一晃自己从中国政法大学毕业已经 27 年。大学四年的生活早已远去，如今打开尘封的记忆，很多往事又浮现在眼前。

昌平校区的远

时光拨转回到 1988 年的夏天，怀揣着录取通知书，带着激动的心情，搭着一同考入中国政法大学的高中同学的父亲驾驶的伏尔加轿车，我一路奔波来到了昌平校区。当时在车上觉得这路可真够长的，不过日后每次坐上 345 路公共汽车，颠簸一个半小时熬到西关环岛，然后再走上三四十分钟到学校大门之后，我才知道这趟"伏尔加旅程"是多么快捷高效。那时从德胜门始发、到昌平镇终点的 345 路几乎是同学们唯一的一条"进城通道"，而且终点站只到西关环岛，如果坐平板三轮到学校要花一元钱，但这一元钱在当时学校食堂能吃两顿饭了，因此下车后步行是同学们的首选。345 路支线后来终于开通并在学校门口设站，但那已经是在我们毕业之后的事情了。

我们八八级

当时学校一共设有法律、经济法、国际经济法和政治四个系，

---

* 1988 级，现任北京市世方永泰律师事务所律师，创始合伙人。

我们八八级共招生 14 个班，其中法律系 8 个班，经济法系 2 个班，国际经济法系 2 个班，政治系 2 个班。整体八八级有 630 多名同学，法律系占了大头，有 365 名同学。入学后发现和我们相伴的只有八七级的师兄师姐和政法管理干部学院的在职学习的学员，而作为本科更高年级的八五级和八六级以及研究生班仍然在学院路老校上学。由于八七级在大四时回到了学院路，从那里完成了母校四年的学业，因此我们八八级有幸成为在昌平校区完整读完四年本科学业、从昌平校区走向社会的首届毕业生。"四年四度军都春"，自八八级肇始也。

法大纪念林的从无到有

我们入学时，昌平校区还在建设之中，因此大家都习惯将其称为"昌平新校"，当时还有个别年轻教师称之为"昌平分校"，结果遭到了大家一致抵制。当时已经建成的除了学生公寓之外，只有两段教学楼和阶三阶四两个大阶梯教室、两个学生食堂，没有图书馆，没有礼堂，甚至没有一个像样的运动场。当时图书馆临时设在二食堂的二楼，每次晚上去读书的时候都还可以闻到饭菜的余香。我记得彼时每有大型会议或者文艺演出，同学们都要排好队，集体出学校向东经过一片老乡的菜地，到国防大学的外训部礼堂，也就是我们当时常说的"军大礼堂"。

为了改善环境，同学们也付出了不少努力，平整场地作为临时的运动场，刨坑种树进行环境绿化。在学校北区，大家集体种下了一片小树，命名为"法大纪念林"。依稀记得那树坑甚是难刨，下面很多遗弃的建筑材料，但有些同学居然独自刨了 50 多个，现在想来真是奇迹。而今记录着这一切的法大纪念林早已经郁郁葱葱。

我们的法学老师们

当时考入母校的都是各省市区的学习尖子，其中不乏很多地区的高考状元，因此大家学习的劲头很足，特别是彼时课外文娱生活远不如现今丰富多彩，读书成为很多同学的主要乐趣，即便是家庭条件一般的同学也会从生活费中挤出钱来买书。每到晚饭后，临时图书馆里总是挤满了读书的同学。

当时正在建设的学校也给同学们提供了一些与读书有关的"便利条件"，就是工地上的木板，捡回来往床边上一搭就是个简易书架，上面正好可以放置一大排书籍，所以很多同学搞了这种"基础设施建设"。

学校初建，老师们也是饱受两地颠簸之苦，住在学院路的老师们需要一早从学院路赶来昌平教学，晚上再赶回学院路。当然这没有影响老师们倾囊以授，也没有妨碍同学们孜孜以求。老师们用自己的心血给大家打开了法律殿堂的大门。

当时给我们上宪法课的是现在中国政法大学法学院院长焦洪昌老师，印象中焦老师身材清瘦但很精神，梳个一边倒的头发，戴副眼镜，很有学者风范。按说宪法这门课不大容易讲得生动，但是焦老师却可以旁征博引，讲得绘声绘色，让大家十分受用。学期结束之后，大家很有些不舍，希望下半学期仍由焦老师继续任教，焦老师安慰大家说"接班人"也很精彩，让大家放心。

后来下半学期换成了肖金泉老师，肖老师身材较为魁梧，颇有些特立独行，总是手拿茶缸出场，上课时偶尔还会点上一支烟，深吸一口再滔滔不绝，大家也很爱听。记得有一次肖老师让大家猜猜讲师月收入多少时，大家纷纷摇头，肖老师潇洒地一挥手，在黑板上写下了"97"，97元就是如今中国著名律师事务所——北京大成律师事务所合伙人肖金泉老师那时候的月工资。

当时给本科生授课的主要是副教授和讲师，鲜有教授，但学校知名的教授也会不时来新校办讲座。记得张沛霖老师来做民法学讲座时，阶三或者阶四教室一定是座无虚席，张老师渊博的知识和风趣的讲述让同学们受益匪浅，至今仍然记忆犹新。张老师喜欢以武

侠中的人物作比，希望大家练成"天下第一剑"。当时还惹得同学们哄堂大笑，如今张老师已经作古多年，现在回想起张老师的教诲确是让人唏嘘感叹。

包子、甲菜和小炒

俗话说民以食为天，对于正值青春年少的同学们来说，吃就是一件大事。奈何当时学校的伙食实在是不敢恭维，记忆中除了价格便宜，没有太多亮点，当时最受欢迎的是一毛钱一个的猪肉白菜馅儿包子，不少同学为了买包子在中午下课后一路飞奔。入学时食堂里最贵的甲菜是一元四角钱一份的胡萝卜烧牛肉或者炖排骨，最便宜的熬白菜只要两毛钱即可买上半份，米饭、馒头是只交粮票不交钱的。吃炸酱面时炸酱是放在一个大铝盆里由大家自己舀，记得有个同学每每都用大钢勺在边上凝聚的猪油层上撇一圈，边说"一定要吃这个"。当时二食堂二楼售卖小炒，那可是很多同学一周才能享受一次的奢侈体验，最便宜的小炒是二元五毛钱一份的辣子肉丁，如果再来一瓶啤酒，那感觉简直是有点"飘"了。最羡慕的是教英语泛读的一位黄老师，时常看他拿着自己的像大钵一样的黄色搪瓷饭盆去打小炒，还有管院的学员由于都是在职来学习的，有工资作支撑，因此也是时常吃小炒，每每羡慕得我们口水直流。为了满足总是空虚的胃，很多同学用粮票换鸡蛋和挂面，熄灯后冒着被没收的风险用电热杯偷偷煮来享用，也算是当时的"小确幸"吧。

一场思想交锋

大学时代，尚属青春懵懂，有时也会犯一些错误，引发一些思想碰撞。记得大三时我在某学生刊物上以"散观"作为笔名发表了一篇白马黑马论，本意是想提倡正确的择偶观，但确实思虑不周，言走偏锋，结果被广大女同学公认为是在故意嘲讽女性。几位女同学为了表示愤慨，周末都没有休息，搞了五张大字报以"致散观"为题贴于一食堂外墙，对我的观点大加鞭挞，亦不乏一些激烈言辞，一时引起了不小的轰动。后经过老师们沟通协调，事件方息，现在回忆起来当时确有些年少轻狂，不过也算是校园百家争鸣中的一次小小思想交锋吧。

学农共建

大四时，法律系同学们和南邵乡搞了学农共建，印象最深的是在麦收季节组织全体同学到南邵乡割了一次麦子，集体体验了一下务农的感受。这一天下来可谓高低立现，有过务农经验的同学着实露了一手，割麦子、打捆、起麦垛，有模有样；而我们这等从没下过地的童鞋们就属于囧态百出了，割破手的有之，被麦芒扎伤的有之，一天下来疲惫不堪。记得活动结束时南邵乡的团委书记和我小声嘀咕了一句，说你们这真属于是"鸡多不下蛋，人多瞎捣乱"。不过这一天让大家体验了农民生产生活的不易，我个人认为还是获益匪浅。

时间过得真快，回首这些往事，居然已是在 27 年前了，但离开母校的时间越长，我越能感受这所有着近七十年历史的中国法学教育的最高学府所给予我的力量。在这里，我们步入了法律的殿堂，开启了作为一辈子法律人的崭新篇章；在这里，我们培养了厚德、明理、务实、坚韧的八八级精神，我们的人生由此绽放。

如今，同学们就像当年自己亲手栽下的法大纪念林一样，已经枝繁叶茂、长大成才，在各自的工作岗位上兢兢业业，迭创佳绩，没有辜负母校的期望。

无论走得多远，无论身在何方，"法大人"的称谓都将是我们一生一世的荣光。

我在法大的三十年

王万华*

    我于 1989 年考入法律系，之后，考上行政法学硕士研究生、行政诉讼法学博士研究生，1999 年夏天离开法大前往社科院法学所从事博士后研究工作，2001 年秋天回到法大任教至今。从入学到今年，正好是 30 年的光阴。这期间除了在社科院法学所从事博士后研究工作的那两年，其余时间都是在法大度过的。人生随缘，我与法大结缘便颇有偶然性。1989 年，法大首次在贵州招生，我正好这一年参加高考，更加机缘巧合的是当年填报志愿的时候，敬畏法大校名中的"中国"二字，本不敢填报，但是，那年调整大学招生名额，高考成绩出来后进行二次志愿填报，于是毫不犹豫地报了法大。犹记得当年报到时，坐了两天两夜的火车到了北京站，在夜色中满心喜悦地坐上了开往昌平校区的班车，未曾想进入校园，满眼一片荒凉，只有现在梅园宿舍楼前有一个煎饼摊，感觉似乎来到了村里，与自己想象中的大学差距实在太大，心里说不出的失落。我和父亲一人一个煎饼果子权当晚饭，开始了我的大学生活。

    30 年前的法大校园还没有完成主体建筑的建设，礼堂、图书馆都还在建设中，连去澡堂的路都还没有弄好，风一吹，满头尘土，澡白洗了。阅览室就设在食堂二楼，学生楼下吃完饭直接上二楼自习。我每天晚上在各种饭菜香味中开始阅读法学经典，感觉经典特

---

* 1989 级，现任中国政法大学教授。

有烟火气。周末的主要娱乐方式是去阶三、阶四看电教中心老师放的各种经典中外影片，五角钱能看好几部，记得有一阵大家都被汤姆·克鲁斯主演的《壮志凌云》迷住了，不爱看电影的同学可以去参加周末舞会、唱唱歌。那会儿进一趟城远远没有现在这么方便，只有345路一趟公交车能到市里，但是需要走半个小时到345路公交总站上车。我一开始还不好意思跟别人挤，后来发现不挤就上不去，于是就习惯了每次车一来，跟着大家拼命往车上挤，斯文什么的是顾不上了。环境虽然艰苦，但慢慢也就习惯了，反而感觉法大特别适合读书，本科四年下来，文学、历史、哲学读了很多。法大人都特别喜欢梅校长说的"大学之大不在大楼而在大师"，虽有自嘲的成分，但也确实符合法大的实际情况。当年读本科，有幸聆听到很多法学名家的授课与教诲，江平老校长在开学典礼上的谆谆教诲犹在耳边。我的本科论文指导老师是张树义老师，虽然我对张老师极力主张的控权论提出了一些不同看法，但他并不反驳我，只是笑眯眯地听我讲完，让我再作深入思考。法大的老师总是鼓励学生独立思考，尊重学生的不同观点，学术借此代代传承。

1993年本科毕业，我考上硕士研究生，搬进了学院路校区三号楼。那时的学院路校区除了教学楼，其余的都是三层或者一层的小楼，土红砖楼掩映在槐花树下，虽然简陋，但很有大学的味道。校园里通常很安静，每个年级只有近百名研究生，博士一个年级也就几个学生，加上双学位的同学，校园里见不到多少人，与昌平校区的氛围完全不同。那时的硕士生、博士生以工作后上学的居多，他们多半吃不惯食堂简陋的饭菜，于是就买了煤油炉放在楼道里自己做饭。饭点到了，楼道里便香味四溢，很有点单位里筒子楼的味道。大家在楼道里热烈交流各地菜谱，共同提高厨艺，炒饼这道面食就是我当年在楼道里观摩大伙厨艺时学会的。上研究生时我特别骄傲的一件事情就是研三备考博士那一年每天坚持六点起床在操场上转圈跑步，下雪天也不休息，风雨无阻。经过一年艰苦备考，1996年我如愿以偿考上了陈光中老师的博士，师从陈老师和应松年老师。能够跟随两位先生学习，是我一生最幸运的事情，我由此得以进入程序法的殿堂，徜徉其间，感受到无穷乐趣。

我考上博士后搬到了学院路一号楼，博士生人少，宿舍零散分布在一号楼各层楼梯口的房间，我们戏称自己为"守楼梯的"。一号楼是老建筑，楼层高，夏天凉快，不过冬天也冻得够呛，因为房间里暖气不行，加上我们都守着楼梯口，屋子里一到冬天特别冷，我记得冬天要盖三层被子才行。那个时候学校对博士生的管理很宽松，大家只要学位论文答辩通过就能顺利毕业，不需要在核心期刊发表文章。但是，那会儿有一个不成文的规则，博士论文必须有重大创新，没有干货实在不好意思拿出手，所以，博士生们都不敢懈怠，各自在把着楼梯口的宿舍里埋头研究。博士入学之初，我在协助应老师做行政程序法课题时对行政程序法研究产生了浓厚兴趣，遂将行政程序法研究作为博士论文的选题，没想到自此再也没有离开过这个领域。博士生论文答辩是学校的一件大事，提前一周就要把海报贴出去，地点通常在法苑公寓门口的小礼堂。一个博士生要答辩半天，全校学生都会来旁听，大家最喜欢看答辩委员会老师把答辩的博士生问得满头大汗。只要法学所的谢怀栻老师来参加民商博士生答辩，台下一定是座无虚席，因为谢老师的提问最尖锐、最无情，大家都坐等看笑话。我的博士论文后来获评百篇全国优博，也是法大首篇入选论文，总算没有辜负两位先生的谆谆教导。

2001 年，博士后出站后，我从法学所回到了法大，在诉讼法学研究中心开始了在法大的教师职业生涯，一晃已经快二十年了。也是这一年，徐显明校长来到法大，带领法大开始重大转型。学校归属教育部之后，获得重大发展机遇，而我的教师生涯恰好与法大的重大转型进程相同步，何其幸也！虽然法大的校园未能调整，但是，"211 工程"重点建设大学，"'985 工程'优势学科创新平台"、"2011 计划"和"111 计划"（高校学科创新引智计划）重点建设高校，国家"双一流"建设高校，这一系列称号恰恰诠释了一代代法大人脚踏实地、艰苦奋斗的拓荒牛精神。法大校园虽小，但法大人心怀"法治天下"之理想，追随国家法治建设进程，持之以恒追求心中的梦想。在纪念法大恢复招生 40 年之际，写下在法大求学和工作 30 年的点滴记忆，衷心祝愿法大的明天更美好！

1990 年代

大学往事

吴兴印*

　　大学毕业后一直在南方工作，时常有人因为我是黑龙江人的缘故而问起我的经历，我就开玩笑地说，我的经历很简单，在读大学之前，从没离开过东北那片我一直生活和读书的黑土地，大学来到母校——中国政法大学，读了4年经济法学，毕业时佛山市中级人民法院招人，就去了广东佛山，一呆25年，标准的"宅男"。虽然在职场多年，经历了从法官到律师的职业转变，也有了一些属于自己的故事，但是，最能牵动我的记忆，最值得我珍藏以回味的，无疑是大学四年间那些青春萌动、充满活力的精彩瞬间。

　　说到法大，当年入学报到的情形就终生难忘。那是我第一次离开家乡出远门，先是坐着林区的小火车到镇里，再转坐火车到北京，一路上，对家乡的眷恋和对大学生活的憧憬一直在交织碰撞着，直到在北京站见到中国政法大学的旗子和迎接新生的老师、师兄师姐时，心才踏实起来，有一种见到家人的感觉。当满载新生的大巴车到达昌平校区时已是夜幕初降，略显冷清的昌平校区灯光点点，宁静清爽，而我则在疲劳与兴奋、好奇与忐忑、幸福与憧憬的层层交织中左顾右盼，那种即将开启人生最重要的知识之旅的兴奋感，至今记忆犹新。

　　当入学的新鲜感褪去之后，接下来的就是紧张的学习生活。大

＊　1990级,现任广东至高律师事务所主任。

学四年，教室、礼堂和图书馆成为挥洒青春的主战场，留下了我对知识孜孜以求的身影，法大浓厚的法学氛围和诲人不倦的老师们的言传身教，夯实了我的法律功底，历练了我的法律技能，积累了我人生最宝贵的一笔知识财富，为毕业后的我在法律职业领域的发展提供了强大的支撑。

除了法学知识，法大还有两件事对我影响深远。

第一件是刚入学不久，我有幸作为九零级经济法系合唱团成员参加了纪念"一二·九运动"歌咏比赛。为了准备比赛，年级主任余常汉老师亲自组织大家排练，并请来专业老师指导，他操着一口浓浓的湖北口音和大家一起排练，在他的感染和激励下，合唱团成员全身心投入，经过不懈努力，合唱团用青春的激情和热血，唱出了高亢激昂、勇往直前的革命气概，最终以《山丹丹开花红艳艳》和《长江之歌》一举夺冠。正是在这种高昂而催人奋进的旋律涤荡下，青春的心扉被打开并产生了强烈的共鸣，激发了我对党的无限热爱，从而萌生了强烈的加入党的愿望，在老师的鼓励下，我写了入党申请书，并在毕业前光荣地加入了中国共产党。多年以后，我能带领律师所获得"全国律师行业优秀党支部"，自己也荣幸地先后当选为"广东省党代表"和"广东省人大代表"，我想这应该都和当初在学校的这段经历有很大关系，正是在那求学若渴的季节，接受了革命精神的熏陶洗礼，让不畏艰难、勇往直前的革命精神根植于内心，才能在之后的工作中，让这种内心的力量迸发出坚韧的毅力，不断地鞭策着自己，在工作中勇往直前。

第二件就是我时常都会和人讲起的长跑经历。大二时，学校组建长跑队，我怀着尝试的心态报了名，每天早上6点需起床晨练，每周3次的10公里集训，对当时的我来说相当有挑战性。我曾经犹豫过是否要坚持下去，在徐京生老师和队友的鼓励和支持下，我最终坚持了下来，后来还相当享受那种在校园的操场上、在昌平的马路上、在十三陵水库边，留下那一身身汗水的畅快。法大长跑队也因收获了一个个荣誉，而成为政法大学运动队中的一个名片，我也为能成为其中一员而感到骄傲。更重要的是，这段经历不仅仅锻炼了我的体魄，还培养了我坚韧的意志力，人生如长跑，坚持就是胜利，当你在奋斗的过程中，快达到极限的时候，挺住并坚持下去，你就离成功的目标不远了。后来在工作中，每当经历彷徨或挫折的时候，我都会不自觉地想起大学时的长跑经历，想起坚持之后的畅快。能让我在困难时选择坚持的原因，正是这段经历给我的力量。

弹指间，离开母校已经25年了，同学们也不时地小聚小酌，就是为了重温那段青春飞扬的岁月和那份难忘的情谊。犹记得夜晚宿舍熄灯后，大家仍意犹未尽地畅谈着青春的话题，与值班老师斗智斗勇；冬日的晚自习结束后，大家迎着漫天飞雪，在宿舍楼下吃煎饼果子犒劳自己的辛勤努力时的惬意；在球场上，男生们激烈征战，女生们疯狂加油，原本内敛又稍有拘谨的班级氛围逐渐融合，留下了一串串包含青涩的激情与感动；一次次的结伴而行，军都山、十三陵水库、长城、天安门、虎峪、泰山……那些是青春的足迹，指点江山，激昂文字。分手的时候终于来到，四年前大家从四面八方来到昌平，有幸成为昌平"四期"的一员，四年后当年植下的小树已郁郁葱葱，而我们却即将离去，当送别毕业生的大巴车即将启动，校园的广播里播放着《友谊地久天长》，那一刻，曾经在毕业季多个散伙饭中流过的泪水又一次夺眶而出，大学生活在一次次最真情的流露中画上了一个完美句号，但一生中最难得的友谊却开始了新的延续和升华。

大学四年的生活，在人生的长河里实在太短，但对我却意义重大，它无疑是我的青春岁月里最靓丽的那一页。它给我提供了支撑我不断前行的知识和能力，让我受益终生；它培养了我坚定的信念，让我坚信永远跟党走，做一个对社会有用的充满正能量的人；它锻炼了我的体魄，磨炼了我的意志，让我在人生的旅程中，可以有充沛的精力去应对每一天的挑战，不断超越自己，积极进取；它还给

了我一生最为珍贵的同学友谊，让我们在遇到挫折时可以互相倾诉和支持，在成功时可以互相分享和鼓励，始终保留着那最纯真的一片心灵的港湾。

感谢母校的辛勤培养，四年的积淀和探索，给了我人生前进的方向和动力。25 年的工作历程中，虽然取得了一点点成绩，但我深知，在未来的旅程中，法大的烙印将会陪伴我一直前行。"昨日我以母校为荣"，我愿"明日母校以我为荣"，我将以此鞭策自己不断努力，以一名法大学子的法律情怀，为法治中国的建设贡献自己的微薄之力。

军都山下的岁月

佟丽华[*]

我出生在河北省一个贫困的农村，上大学以前从未见过城市的模样。考上中国政法大学是我的幸运，也是我人生的重要转折点。收到录取通知书那天全村都很热闹，为此家里放了两天的电影，以示庆贺。

1991 年 9 月初，我带着一个布包、一只尼龙袋子只身来到北京军都山下的中国政法大学。或许因为中学一直担任班长的历练，第一学期我被任命为班团支部书记，第二学期我创建了人生经历中的第一个社团：政治系马列学习会。我把马列学习会分成若干个小组，我和各个小组负责人确定每周要学习的原著内容，每个小组每周都要组织一次讨论。讨论很热烈，但有时也有激烈的争论。伟人著作中随处闪耀的思想光辉以及勇于担当的精神给我们带来震撼。不论是在我们那个时代还是今天，农村学生容易带有小农意识，城市学生容易产生小市民心理，这些特质最突出的表现就是瞻前顾后、贪图小利，有好处就往前争，有风险或困难就往后躲。回想起来，我已经不记得当时都读过哪些文章，但这种学习和争论的过程陶冶了年轻人的品格，对我后来所从事的公益法律事业不能说没有影响。

大二刚开学，同宿舍的王新明同学对我说，很多高年级的同学要去白沟进货卖给新生，我们是否也可以去？我到几个宿舍转了一

---

[*] 1991 级，现任北京市致诚律师事务所主任。

圈，感觉有些小物件是新生很需要的，于是借了点钱，查了路线，我们坐车去白沟，当天晚上就扛着大包小包回到昌平。第二天我与其他很多二、三年级的学生一起，在女生楼前摆摊卖货。我们的货卖得很好，那种钉在墙上的挂衣钩，0.35元进的、1.5元卖，每个赚1.15元，我们进了一箱（共150个），都卖了。扫床的刷子，每个0.48元进的、1.5元卖，也卖光了。小生意看似暴利，但几个人扛着大包小包辗转各个车站，确是非常辛苦的。两天过去，我们挣了几百块钱，这在当时是很大的一笔钱。后来我们又去过白沟，也曾在北京书市上买一些便宜书贩卖到秦皇岛去，但都没有再赚到钱。回忆起来，那种做小生意的经历很锻炼人，后来做律师参与一些重大案件的处理，谈判时的心态和方法与和小贩砍价大同小异。

大二下学期我们系学生会换届，当时我所在的政治系是由学生代表直接选举学生会主席。我们年级共三个班，每班都有一个候选人。经过三个候选人的公开演讲，我在第一轮投票的91名学生代表中获得46票，刚好当选。在我们那一届，学生活动搞得轰轰烈烈，我们搞了持续两周、每天都有活动的首届文化节，我们举办了有四个高校参加的辩论赛，我们到餐馆、商场去拉赞助来支持我们的学生活动。我毕业几年后回学校，杨阳教授对我说，很怀念你们那届学生会。

在担任系学生会主席期间，一次闲谈中我与几个同学聊到：昌平闭塞，与外界接触少；政法大学很多学生社团缺乏法大特点。当时的四个系每个系都有一个主流社团，如法律系就是法律学会、国际经济法系就是国际经济法学会。我认为这种学会太呆板、不鲜活，如果建立诸如准律师协会、准法官协会等会更有意义。当时也就是说说而已，后来系学生会换届后，我有天又突然想到了这个问题。我们几个同学经过讨论，认为律师界更活跃，而法官等群体约束多，于是决定创建准律师协会，以建立起当时相对闭塞的法大昌平新校与活跃的北京律师界的联系。

那只是一个想法，准确来说没人知道这个想法是否可行，而决定可行与否的最关键因素在于能否得到律师的支持。当时我与田文昌老师很熟，我和他谈了想法，他认为是好的，表示支持。后决定去找律师事务所，但去哪里找呢？我从当时的法大律师事务所找了个律师所名录，发现在亚运村附近律师事务所比较集中。于是我拿了张地图，从田老师家借了个破自行车，按图去找。

记得那天天气特别热，我又爱出汗，浑身都被汗水打湿。好不容易找到第一家，敲门去问，却是搬走了。再找到一家，问后又是搬走了，很沮丧。艰难找到第三家——隆安律师事务所，终于门开着，我进去说要见主任，接待的律师听说我是法大的学生，让我在办公室等候，而后我见到了主任徐家力律师，向他介绍了我的想法，并表达希望取得他的支持，这期间我的心情非常忐忑。听完我的介绍后，徐律师明确表示支持，就是这个鲜明的态度，让我对办好准律师协会充满了信心。现在我有很多机会与法学院校的学生接触，对他们的想法我一般都是支持和鼓励的，因为我的经历告诉我，有时几句鼓励的话，可能支撑一个青年去创造奇迹。

准律师协会高调成立，很快就发展成了当时学校最有影响力的学生社团。准律的会员都是通过考试录取的，由老师出题、老师判卷。我与法大律师所协商，他们同意把在昌平新校的接待室给我们使用，面积有40平米左右。我们对社会提供免费的法律咨询，电话可以随时使用，话费由律师事务所支付。我们举办名律师系列讲座，把在法律服务领域历经激烈竞争后有所建树的律师请到学校，给法大学子带来耳目一新的感受。记得当时所有来讲座的律师都是自己开车过来，这避免了以往学生办讲座还要去接老师的麻烦。我们还创办了《准律师报》，等等。

从我担任政治系学生会主席开始，此前创建的政治系马列学习会就逐渐解散了，但中国政法大学准律师协会却一直延续下来。让我感到骄傲的是，历经25年的磨炼，准律师协会依然是中国政法大

学最有影响力的学生社团。2019 年 4 月，我到法大参加了准律 25 周年庆祝活动，见到了很多"准律人"，感触良多。

　　政法大学的生活是丰富多彩的，毕业后工作忙碌，有时很想有机会再回到校园中生活、学习一段时间。后来我分别在美国哥伦比亚大学和耶鲁大学的法学院做访问学者，校园同是美丽、安静的，但我的心态已经发生很大变化，岁月悠悠，再美丽的校园似乎也不是我的。军都山下的昌平，中国政法大学的生活，将是我人生中永远不会忘记的美好回忆。

足球场上的政法往事*

沈　涛**

那是 1992 年的秋天，我独自一人带着简单的行李，坐火车从山东老家赴京去中国政法大学报到。近中午时出了北京站，就看到了高高飘扬的校旗——中国政法大学，旗下聚集着许多的学生和行李。我上前一问，果然是政法大学的接站点，于是加入其中，在太阳下四望北京站，宏伟而空旷。不多时，印着校名的崭新班车开到身边，将一众人装上车，直接拉到了京郊昌平！

开学就是一系列的定式流程，接着就是十天的军训。脸上晒出的黑红还没褪去，新生杯的足球赛就开始报名了。此足球赛由各系自办，法律系六个班，通过小组赛循环出四强，再淘汰产生冠军。我班的体育委员熊健武是田径队的短跑手，足球也踢得好，他组织了我们班足球队。从来没有摸过足球的我，因为有打篮球的底子，成为正选守门员。经过四场苦战，我们最终成为法律系九二级的冠军。

那时同学们热爱运动，下午课一结束，回到宿舍几分钟后，楼道里就传来呼喊声"踢足球的走啊！""打篮球的赶紧啦！"，大家不分班级，只讲项目，一起玩就是好兄弟，呼啦啦一大群人奔向球场。

虽然我擅长篮球，但是我很喜欢看足球。那时候的亚洲杯、丰

＊　题目经编者改动而成。
＊＊　1992 级，现为广东正大联合律师事务所律师。

田杯等重要赛事,法律系体育部都组织系里学生一起观看,大家挤在小电视前,吵吵嚷嚷,特别热闹。后来的 1994 年世界杯,学校直接开放阶梯教室,供大家观赛!为了看凌晨两点巴西对荷兰的比赛,我在阶梯四教室的门前排了三个小时的队,幸好看到了一场经典的比赛。

学校只有一块泥地足球场,特别地硬,一倒地就会受伤。经常会有同学挂着英雄彩,一瘸一拐地被扶回来,过几天又生龙活虎。那时的法大足坛,有三大系列赛事,全年轮番上演,许多精彩的场景至今仍历历在目。先是俱乐部杯赛,各系的各年级都组建俱乐部,起着好听又响亮的名字,比赛球讯贴满了食堂前面的公告栏。法律八九级、九零级的"挑战者"队杀进了决赛,对手是经济法系的一支俱乐部队。比赛当天,我们作为法律系体育圈的人士,悉数到场助威。"挑战者"队占尽优势,未能得分,被经济法系的李树东单刀得手,一球饮恨!我们九二级的俱乐部叫"猎鹰",据说在我们毕业后数年,"猎鹰"的旗号得以保留,并成为学校一支常胜俱乐部!

再是老乡杯,各省的学生组建自己的老乡队,诸如白山黑水、泰岳、华山的,都是各省的名胜!一听就让人想家。海南省的"天涯浪子队",由于人员整齐,实力不俗,连续几年夺冠。

最盛大的赛事是政法杯,就是四系间的足球比赛。法律系和经济法系因为人数多,在实力上要超过国际经济法系和政管系,所以政法杯基本上是法律系和经济法系两强的竞争。两系的比赛如同一场战争,在开战前先有赛前的斗嘴,两系的写手各将自己辉煌的过去历数一遍,贴于公告栏上,并预言必胜!系里领导和学生会,会组织体育圈人士前往观战,并做好冲突的预案,各级各班再动员球迷到场观赛,以壮声威,热闹程度不亚于世界杯!特别是 1995 年的政法杯,还引发了法律大论战。经济法系发文说法律系前锋熊健武是校学生会体育部部长,属于赛事主办者,依例应回避,不得参赛。法律系即以世界杯东道主也是主办者,不但可以参赛,而且可以直接进决赛圈的例子作为抗辩。就熊同学的出战资格问题，来回论战三次，最终以可参赛告终。果然那一年法律系最终胜出，夺得政法杯！

政法大学没有体育特长生，因此校足球队的成绩并不很好，加上球场设施一般，男足与外校的比赛非常少，但偶尔有一些精彩的友谊赛事，令人难忘。1994 年，广东老乡队邀请北师大校队在学校举行友谊赛，赛前北师大队在热身，规范整齐的动作引起球迷阵阵感叹！再看广东队，个头矮小，动作杂乱，大家预感到将是一场大屠杀！谁料，比赛前 20 分钟，广东队就凭借豪粤健、李永桢的精妙组织，先入两球，让我们惊异之余大呼过瘾！北师大队如梦初醒，中场加强防守，数人上前均被李永桢轻松盘过，最后只得禁区犯规，被判点球。广东队友谊第一，点球故意不进，给了北师大队一些颜面。最终北派力量足球以 1∶3 完败于南派技术足球，北师大队输得心悦诚服。广东籍同学经此一役，自信心顿升，普通话说不标准的自卑感荡然无存，学校许多靓女也开始问谁是李永桢？长得如何？

男足不行，法大的女足却是北京市高校前几的水平，我有幸在学校看过一场法大女足与外校的比赛。场上的拖后中卫，是九一级的师姐，速度奇快，各种救急抢险，动作干净潇洒，气不长出，令人赞叹。比赛当中，我校一名女足队员受伤，在场外治疗不力，正紧张时，看台上跃下一猛男，快步跑到场边，不由分说，上前一把将女队员抱起，跑向治疗室，女队员娇羞地伏在猛男的胳膊上，当时看台上一片欢呼口哨声，仿佛进球一般。仔细想来，当时的抱法就是现在所说的"公主抱"！

大球场永远是强者的舞台，我们的福地就是风雨操场，一块荒芜的杂草地，摆着一副小球门，连线都不画，平时也有人在踢。只有在刮风下雨时，我们才有机会在这里玩。通常是两个宿舍打赌，一场比赛定胜负，负者给胜者一人一瓶啤酒。我们宿舍与对面宿舍就曾经在雨雪中踢过两场，一胜一负。相比于足球，我们更热爱北

方的雨雪！

法大四年，观球近百场，我觉得法大足坛没有产生号令天下的王者。技术好的，体力弱；体力强的，技术弱；体力并技术皆强的，斗心弱。群雄并起，各领风骚。

说到最难忘的一场球，是 1996 年的欧洲杯决赛——德国对捷克。学校直接开放了大礼堂，千余名学生一起观看了这场决赛，第一时间亲眼见证了残阵德国的韧性，在先失一球的情况下艰难扳平，加时赛金球绝杀捷克。偌大的礼堂响彻黄健翔激情澎湃的解说声"比埃尔霍夫，20 号比埃尔霍夫！……"

光阴流逝，年轻人都已经逐渐老去，但我们一直爱运动、爱足球，也经常组织校友们一起踢球、沟通。大家一直铭记法大包容的风气，恩师的教诲，灌注以法治的精神，给予这一身傲骨，可以无畏、无愧于天地。愿母校一切顺利！

那些曾经有梦的日子

陈一萍*

　　我的私家车车牌号是粤 A93XXX，在这个车牌号经常承载着特别意味的年代，不时地就会有人问我，这个 93 是什么意思？我会微笑着说，这是我大学本科入学的年份。于是，别人几乎都会马上接着说，已经毕业这么多年了，还以你入学的年份作为车牌号，那你的大学生活肯定特别让你怀念。我哑然失笑，总有一番滋味在心头。

　　也许从小看香港电视，总觉得里面穿着法袍在法庭上唇枪舌剑的女律师形象很是威风潇洒，而家里人的传媒工作背景，也使得我对社会的弱势群体抱有特别的情感。所以，成为一个为弱势群体维权的女律师，是我高中时代的梦想，这也促使我在高考填志愿时，所有批次的第一志愿专业都选择了法学。当我收到法大——这个号称中国法学最高学府的录取通知书时，那种梦想将要成真的感觉，让我到现在都记忆犹新。

　　那时的我对即将而来的大学生活充满了憧憬。但我从来没想到，我真实的大学生活开始得如此让人失望。

　　人生第一次坐飞机，从广州到北京，两个半小时都在兴奋中度过。从机场出来后开始辗转朝着录取通知书上写着的校址"昌平卫星城"出发。我对卫星城这个新名词其实之前没多少概念，心里仅有的猜想是，外国电影里，富人都住在鸟语花香的近郊，这个卫

　　* 1993 级。

星城想必也是北京城近郊一个高大上的新兴城区。然而，在两个半小时后，当我发现我居然还在路上，而路边的村庄一个接着一个，似乎没有尽头，我的心不断往下坠，最后终于到达了这个昌平城关镇时，才不得不接受一个事实，原来大北京的郊区小县城还可以美其名曰卫星城，真佩服做出这个创意的人。

逛了一圈校园，竟然大半个小时就走完了，学校面积出乎我意料的小，路边一片比我高不了多少的树木，没什么美感的教学楼和宿舍楼，完全看不出文化的沉淀，总之一切都与我印象中柳絮飘飘、有着深厚底蕴的大学差得太远太远了。

不得不承认，大一的整个第一学期，我都在深深地后悔为什么自己挑了这么个大学，只怪当初被它校名里的"中国"二字吸引了。

当我在法大的学习生活从最开始的失望中慢慢延伸时，我也逐渐在昏暗中感受到了一些亮色。当时学校里开设了中外宪法的课程，虽然我至今已经忘了当时教我的老师的名字了，但她深入浅出地阐述中外宪法的差异，尤其分析中国宪法存在的现实问题时，我感觉自己对法律的理解之门仿佛被打开了，不再是那种政治式的陈词滥调，课堂上充满了理性的法治分析和独立的思考。同时，当时的法大经常有各种各样的讲座，贺卫方等著名法学家也会被请到昌平校区来，虽然阶梯教室里总是里三层外三层地挤满了人，但大家都会很专注地聆听着他们对中国法治改革的真知灼见和情怀。

就这样，我开始感受到这个学校的另一面。那时学校的本科系别设置还是很单一的，除了法学的三大细分系（法律系、经济法系和国际经济法系）外，就还有一个政管系。也许正是这种系别单一，而且远离城区的尘嚣和功利，让偏处一隅的整个校区的老师和学生在课堂内外好像都有一种对法治理念的坚持。这种理念的形成似乎是个缓慢的过程，毕竟学生们都来自五湖四海，然而，随着大学学习的深入，虽然课堂上老师们风格各异，或风趣，或沉闷，但在探索很多法学与现实的问题时，老师们都在骨子里有着对某些法学精神的坚持，老师们这种精神在潜移默化中影响着我们，以至于渗透到我们的思维和日常的讨论中。

法大的学生经常调侃自己的学校是"昌平法律职业学校"，觉得我们像法律工匠一样被学校培养。但是，事实上，在寒暑假甚至毕业多年后，我们许多同学都有一种感觉，相比于其他综合性大学法学院的学生，总体上法大的学生在精神深处对法律理念的坚持明显更加强烈。当我在校园里慢慢感受到这种特质的时候，我竟然开始有点庆幸自己选择了法大。

那时的法大，经过了大一、大二的法学熏陶后，学生们到了大学的后半期，总有一种想用自己学到的法学知识去帮助别人的冲动和想法，似乎都自觉肩上有一份社会责任和担当。

当我还在大一时，九一级经济法系的几个男生就决定利用暑假的时间，从北京骑自行车去广东，沿途近两千公里进行普法宣传，这种带有青春荷尔蒙式的举动让当时的我艳羡不已。虽然自知体力有限，我是不可能有这样的壮举的，但在他们顺利完成行程，来年开学给我们做报告时，我依然听得心潮澎湃，心里也在琢磨着有一天我也要以自己的方式来应用自己学到的法学知识，以期对社会有所贡献。

终于机会来了，大三时，我和其他同学一起组织了一个农村问题政策研究小组之类的社团。当时我们的目标是，深入到农村地区，进行普法宣传的同时提出有效地提高农村地区法治水平的建议方案。现在回忆起当初的这个宏大想法，自己内心都忍不住发笑。但当时，好像真的有一种这样的使命感促使我们要做出行动。于是，我们小组成立后的第一个活动，就是到北京远郊的一个偏僻农村进行普法和调研。当地的村领导接待我们以后，我们单独进行了入门随访。本来去之前，我们预想的是会被咨询家长里短的一些法律问题，比如离婚、遗产或者邻里纠纷，出乎我们意料的是，虽然当时我们都是一副稚气未脱的脸孔，但是对于这些平时没人关注的村民而言，

他们似乎看到了一些希望，我们在好几个家庭里竟然不约而同地都听到村民反映这个村的领导非常腐败，有些已经到了严重违法乱纪的程度。这些发现，让当晚还留宿当地的我们既激动又紧张。激动的是，我们感受到了被信任，听到了最底层真实的声音了，觉得自己的行动很有价值；紧张的是，我们居然有点不知所措，不知道我们这些单薄的大学生可以为这些村民做些什么，甚至有些担心村领导知道我们的发现后会对我们有不利举措。于是，第二天，我们在低调地进行了一些深入了解后，就匆匆地离开了那个村庄回了学校。

再后来，我们整理了那次的访谈，把发现的问题反映给了那个村的上级镇政府。让人遗憾的是，这个事情好像也没有人给我们反馈，就这样不了了之了，我们不知道最后这个事情是如何被处理的。这次活动，让当时的我内心开始产生了一种强烈的无力感，这个社会的底层其实存在着很多大大小小的问题，但一番热血的我们，也并不能改变什么。

在法大的日子于平淡之中消逝着。学校的树木长高了不少，在我毕业前的大四，校园中间那片有些杂乱的青草地上终于建起了一个室内体育馆，让我们也可以打打室内羽毛球了。我也习惯了在北方的生活，虽然在干燥天气下我得了支气管炎。

毕业时，我仍然希望自己能从事公益类的法律工作，但这个自己在大学里坚持了四年的梦想，却戏剧性地被打破了。当时广州法律援助中心招聘大学毕业生，虽然很多人都说那里工资低、工作琐碎，但对我却有着特别的吸引力。然而，当我的热情迎来了一句"我们今年不招女生"的回复后，我觉得一切都太讽刺了，一心要为弱势群体维权的我，却被这样一种显而易见的性别歧视拒之门外。当年农村访谈后那种无力感又一次渗满我的心。也许还是我自己不够坚定吧，我没有像后来很多勇士那样去公开挑战这种不公平，而是选择了离开。当年理想主义的我本来对金钱这些东西不屑一顾，大学毕业时却选择了与钱打交道的金融机构来开始我的职业生涯。

　　但法大对我的影响依然持续着，虽然毕业后长期从事金融工作，但我始终非常关注中国的法治进程，当年学校对我们的法治理念的影响，不管我们是不是在法律圈子工作，都已经在我们身上留下了深深的烙印，从来没有改变。而我，在帮助弱势群体的道路上依然坚定地前行着，后来在美国读硕士时，我参与了去马达加斯加的公益项目，为当地穷苦村民的可持续发展模式进行着探索和推动。多年来，业余时间也深入参与了一些公益组织的策划和运作，我的梦想以另一种形式在延续着。

四年四度军都春

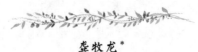

龚牧龙[*]

　　毕业 21 年，极少有机会回忆学校生活，好几周以前收到学校约稿的微信，中间几次想动笔却一时不知从何说起，直到这两天带团队到贝加尔湖团建，同事们酒至酣处尽兴而散，北方秋天的夜空繁星浩渺，记忆深处的碎片才一点点拼接起来。

　　25 年前也是中秋临近的时节，带着对大学生活的期待从老校搭车到昌平新校区报到。我选择的是国际经济法专业，知道这个专业是由于当时外语系的李荣甫老师和一位正在法大读研的薛波师兄介绍，薛波师兄是当时以及其后很多年间最专业的英汉法律专业书籍《元照英美法词典》的主编。1994 年正是邓小平南方讲话的第三年，中国的新一阶段改革以及对外开放开始影响人们的观念和生活，在对从事国际商务业务的法律职业人士的一点朦胧印象以及薛波师兄极富感染力的介绍下，我义无反顾地选择了法大国际经济法专业为第一志愿，这也是当时各个学校专业当中唯一把"国际""经济"和"法律"结合到一起的专业。入学后最初的一段新奇感过后，坦率说，包括我在内的很多同学都有不小的失落感，这当中有对未来事业的憧憬与不知道如何从眼下的学习当中找到出路，有在中学时还算优秀的自得与到新环境的无法自我定位，也有同学间不同的成长环境所形成的观念差异，等等。我记得我是过了很久才慢慢地从这

---

　　[*] 1994 级，现任金杜律师事务所北京办公室管理合伙人。

些失落感当中摆脱出来，从有丰富实践经验的老师的课程当中了解法律职业的点点滴滴，从理论功底深厚的老师的课程当中了解法学的博大精深，从学校组织的江平等校内外老师的讲座当中了解真实社会的各种曲直原委。回想起来，跟其他法学院校相比，法大提供了法学领域最宽阔的平台，无论是在立法还是司法领域、法学理论还是实践层面。从毕业后这些年的职业经历来看，其实到一个新领域、新环境，都是需要一个自我认知和自我调整的过程，从这个角度讲，在学校的这个状态变化算是职业经历的第一课吧。

在学校里除了学习专业课和外语，我基本上每天都去图书馆看书、看报，那时候不像现在获取信息那么容易，我记得每天自习结束后都要在路灯下的报刊栏去看当天的《人民日报》经济版和《经济日报》。还有就是听各种讲座，包括境内外法学界的学者，以及出色的律师等，我也是在学校期间第一次听说了金杜律师事务所，并且听了金杜的创始合伙人王俊峰律师以及其他的多位合伙人的讲座。还有组织英语协会的活动，联系外教上课，组织与外校的英文辩论赛，参加同年级同学安排的在朝阳区人民法院的实习，到七九级师兄张晓维律师的事务所实习，等等。通过学校提供的这些种种，我最后选择了律师的职业道路以及专业方向。

1998 年我们毕业，那一年是亚洲金融危机对国内经济影响突出体现的时间点，也是国内政府机构改革分流一半公务员的年份，传统的招聘应届生的大户金融机构和各个部门政府机构几乎都没有招聘，很多很优秀的同学都没有找到理想的工作，当然还是有同学靠过硬的学业成绩考入中央部委和本校外校研究生，很多同学后来也通过再考研重新选择了自己理想的职业道路。九四级的同学当中有在金融监管部门主导很多政策制定的专家，有在金融机构法律岗位或业务岗位工作非常出色的，有在公检法机构现在是业务骨干的，也有做独立职业律师做得非常成功的，我相信他们都和我一样，四年在法大的学习生活是现在职业最重要的基石。

　　说了这么多，其实对四年学校生活记忆最深的还是和同学一起度过的时光，和现在还是好友的九三级师兄夜里在八号楼楼顶抽烟畅谈到美国留学，全班同学去蟒山登顶，每周五晚上雷打不动的8307宿舍全体参加的挑灯打牌，春天傍晚和同学去校园北边的练车场看隆隆北上的列车穿越而过，冬天第一场雪后一大早去八达岭看雪景，还有毕业时大家在火车站的依依惜别……

　　这几年来，通过加入我们事务所的法大毕业生感受到了很多变化，除了法大学生一直具备扎实的法律功底外，这些年的毕业生普遍对实务了解更多，语言能力更强。通过几次参加学校组织的简朴而又隆重的活动，我感受到学校管理有效精干，对校友的联络和组织积极、高效而亲切。还有看到、听到很多法大老师有风骨而又学识渊博，作为校友，看到这些无比地欣喜。衷心地希望法大越来越好！

2019 年 9 月

于伊尔库兹克

荣耀归于法大

孟丽娜*

　　这几天是高考的日子。每到这个时候，我会猛然意识到：哦，又有一些年轻人到了人生最紧要的关头了。妈妈这时会说，高考给我留下了挥之不去的阴影。

　　24年前，我从天津市塘沽一中毕业，在紧张备考的关头，我却病倒了。自然，考试发挥有失水准，理想中的大学不敢报了，选来选去就报了法大。说真的，当时的我确实有几分沮丧。这些，就是妈妈所谓的阴影。

　　这个所谓的阴影并没有如影随形，从踏入法大校园的那一天开始，大概就被抛到九霄云外了。今年是我们毕业20周年，大家时不时讨论什么时候返校聚会纪念，我也翻出大学时的照片，每张照片上的我们，青春年少，无忧无虑，全是笑意盈面。那个时候呀，每个女生真是貌美如花。

护旗手

　　有一张照片，是我们四个大一的新生擎着校旗站在主席台前。这个场景是新生军训入学典礼，我担任护旗手。这也是我入学法大的第一张照片。为什么选我做护旗手，照片是谁拍摄的，我已记不

　　* 1995级，现任北京市康达律师事务所管委会委员、高级合伙人律师、党委副书记、房地产专业委员会主任。

清了。但对当时小得意的心情倒有记忆，在和父母通电话时曾很骄傲地告诉了他们。不过，这一得意的情绪高涨了不长时间，就被新生军训"折磨"得无影无踪了。

我们这一级新生大多是 1977 年生人，在某种意义上讲，是我们国家的第一拨独生子女，自打出生开始，就被社会和家庭奉为"小皇帝"，万般宠爱加于一身，就像我这样比较独立的女生，也不曾受过什么累，更不曾吃过什么苦。军训下来，我们这些个金枝玉叶的女生几乎变成了蓬门荆布的"柴火妞儿"了。

此言不虚。军训是在学校的体育场上进行的，我们在那空旷的地方反复练习列队、转体、正步。印象中，那年北京的 9 月似乎格外炎热，场地就像个大蒸笼，站在那儿不一会儿，汗水就浸透了我们的衣服，头皮上像爬进了蚂蚁，不几天就长满了痱子。一天下来，腰酸背疼腿抽筋儿，头皮痒得难受，还不能用手抓。军训后，我狠下心剪了留了十几年的长发。

这段时间有几张合影，照片上的形象几天下来就已大变，大部分同学都晒黑了，倒是咧嘴笑时露出的牙齿显得格外白了。

女生部长

从小学开始我就做学生干部，高中时是学校学生会主席，还被选为区团委的唯一学生委员。可能是因为有这样的履历，入学不久就被年级任命为女生部部长。女生部的职能是什么，在我朴素的概念中，大概就是为女生服务。

有一张照片，是我与师姐跳印度舞蹈的。此前，我一向不擅长跳舞，这次年级要组织舞蹈活动，需要我带头参加。好在我有体育特长的基础，"蹦跶了几次就有模有样了"——师姐如是说。有了这次的突破，我信心大增，后来组织排练了"千手观音"的舞蹈，自己也当了回"观音"，描眉画眼，现在看上去有点儿滑稽，不过当时的心情大好，让同学拍了好几张照片。

大一之后暑期的 8 月中旬，第八届全国青少年发明创造比赛和科学讨论会在天津举办，学校承办了一个展台，主题是"普及知识产权知识，宣传知识产权保护"。放假之前，学校团委决定指派我担任展台的讲解员，因大一还没有开知识产权法的课程，对此方面的知识，我一无所知，慌得不行，自费购买了两本书，不分白天黑夜狂补不足。四天的活动下来，我基本上支应了个七七八八。时任副校长的马抗美老师给了我很高的评价，并和我拍了一张珍贵的合影。

也许是自己好学，也许是虚荣心作祟，我始终认为不管干什么，对学生而言，文化课的学习应该放在首位，因此，我并没有因为参加过多的学生工作而耽误学习，大一那年还获得了二等奖学金。我用奖金买了自己喜欢的东西，其中有一个漂亮的发卡，后来还戴在头上特意拍了一张照片。

播音员

我是土生土长的天津人，家虽然离马三立的家有几十公里的路程，但我们乡音俚语差别不大，似乎觉得缺少了"嘛"，就不能准确地表达情感。我也不知道自己怎么想的，选报社团时就选了学校广播台，他们居然录取了我，安排在周二组做播音员。当时，我觉得自己的普通话非常标准，播音后有位老师不经意地问："你天津的吧?"她是从广播里听出了我的口音，"一点点儿"。这哪儿能行?我有空儿就自己录音练习，也虚心求教师兄师姐，一年下来，我的发音就符合标普了。大二时，学校组织普法宣传活动，录音机里反复播放的内容就是由我录制的。那一阶段的普法活动，我参加了在长陵、北京站的活动，并且和老师同学合影，那大概是我做播音员留下的工作照了吧? 工作以后，有同事问那些幽默的"嘛"话，我竟然没有他们说得地道了。

在做播音员的同时，我还参加了学校的记者团，做了个比记者还差一截子的通讯员。我认为，法科生的语言表达固然重要，但文

字表达同样不可或缺。学生记者有名额限制，也有对文字水平更高的标准要求。为了早日"达标"，我实打实地卖力气，采访了许多事、许多人。后来，我们年级的通讯员有 5 人被"提拔"为记者，我便有幸成为之一。那个小小的记者证让我珍视，也一直带在身边。

贵 人

记者团在教学楼 A 段有间独立的办公室。大三下学期的一天上午没课，我刚进办公室就接到了一个要求记者团派人采访的电话，特别叮嘱要采访到人。活动是在学校礼堂举办的，几位优秀校友正在给毕业生作报告。报告结束后，我冲上主席台拦住了学校的一位领导，报上家门"学校记者团的记者"，他顺手指了指身后一位"帅哥儿"，说："问那位中央新闻单位的真记者去。他是你们的师兄。"这一问，问来了自己未来的先生。

谁打的电话，我至今也不记得这位贵人姓甚名谁。因为被要求"采访到人"，做事认真的我一再问这个、问那个，他说下午有个座谈会，让我去听听。我走进会议室，也没发现熟悉的人，就径直坐到了他旁边的空位上了。在场的一位记者拍了一张照片：我和先生的合影。

大学毕业后，我被分配到了当时还隶属司法部的康达律师事务所，在这儿一待就是 20 年。离开母校 20 年，我自认为没给法大人丢份儿，获得过省部级的几项荣誉和表彰，被推选为市、区两级的党代表，还被评为北京市十佳青年律师，作为唯一的律师代表获得了今年的首都劳动奖章。即便是离开母校 20 年了，我也没忘记法大的培养之恩。2010 年，我捐款 50 万元，在人文学院设立了为期十年的"丽娜奖助学金"。2016 年、2017 年，我两次代表学校提起民事诉讼解决房屋争议，两案均胜诉结案，为学校减少经济损失上百万元。

去年，母校授予我"2017 年度优秀校友"。一天女儿问我，毕业那么多年了，为什么还接受学校的奖牌呢？我不假思索，脱口而出："那是妈妈的荣耀。"

一个"非法"生的"求法"路

张雄伟 *

我是法大政治与管理学系 1995 级学生，我所学的专业叫企业管理（现在叫工商管理），是政管系新设的与政治学、行政管理并列的第三个专业，我们班属于企业管理专业的"黄埔一期"。看专业名称，就知道这是一个"非法"专业，而学习这个专业的学生自然就是"非法"生了。在母校恢复招生 40 周年和自己毕业 20 周年之际，我也说说自己这个"非法"生的"追法"之路。

在法大，"非法"专业或者"非法"生并非不优秀，特别是企业管理专业，在毕业当年我们是法大所有专业当中就业率最高、就业方向最好的。现在，企业管理专业已单独成长为商学院，成为母校办学的重要方向之一，无论是前任院长孙选中老师还是现任院长刘纪鹏老师，都是很有社会影响力的大学者。

但就我个人而言，由于一直喜欢法律并希望从事法律工作，所以在求学和就业路上，有了从"法外"到"法内"的转型。

记得高考当年，我与同桌共商大学之路，就确定了法律方向。在填报志愿时，只填政法院校，一心想上法大。母校没有负我，在第一批次第一时间录取了我。但由于录取我的是一个"非法"专业，心里多少有些失落。

入学之初，江平老校长给我们新生上法大第一课，谈法律与人

* 1995 级，现任北京炜衡（杭州）律师事务所高级合伙人。

生，至今犹记江校长的很多话：在座的法大莘莘学子，今后在社会的舞台上，你们很多人会成为法学家，有很多人会成为大法官、大律师，但你们当中的一部分也会因为做错事情而"进去"……

江老师的第一课，给法大新人描绘了蓝图、规划了方向、提出了忠告，使我们初步了解了法律与社会、法律与国家、法律与人生的种种关系，也让我们明白自己的使命，以及自己可以选择的方向。对我这个"非法"生而言，也进一步坚定了走法律道路的信心和决心。

我们企业管理专业第一期全班共有40名学生，事后经大家相互了解，才知道我们班的学生大部分是从填报志愿时服从调配的学生中择优录取的，填报中国政法大学，大多是为了学法律。

为了扭转我们对专业的"偏见"，孙选中老师与企业管理专业的其他老师一道，经常向我们宣讲法大企业管理专业的优势。我们也逐步了解到，法大企业管理专业，与北京大学、清华大学、哈佛大学等全球知名高等院校的商学院相比，其实也并不逊色，大家的情绪也逐渐稳定下来。但就我而言，法律这颗"草"在自己心底从未拔去。

失落和不快不能解决实际问题，步入正常的学习轨道后，我一直在寻求解决问题的路径。在逐渐熟悉校园的学习和生活环境后，我很快就发现了两件好事：第一，除了学好自己专业的各门课程外，其实大学生是有很多自由支配时间的，而这些时间，完全可以去学习自己感兴趣的东西。第二，大学的课堂是敞开的，老师讲课时，堂下的学生人数是多多益善，只要喜欢，谁都可以去听老师的大课。

于是，在主打专业课程的同时，我将自己的自由支配时间安排在了去其他系听法律专业课程上面。那时，同级的国际经济法系的课程与我们专业的排课时间上有很大的互补性。于是，每个学期开始，我的床头会有两张课程表，一张是我们自己专业的，另一张则是国经系的。我同时也会有两套笔记，一套是自己专业的，另一套则是国经系的。

经过两三年时间的"取经",我全面学习了民法、刑法、行政法以及三大诉讼法方面的专业知识,打下了扎实的法学基础。更为重要的是,我通过法律课程的全面旁听,了解了法系、法学流派、法学名家、我国的法律现状、典型案例,等等,通过这些内容的学习和积累,自己在不知不觉中已经形成一种对法律和法学的感觉,我现在在工作中跟同事或助理交流时,将这种感觉叫作"法感"。有了这种法感,我学习法律就有一把钥匙,无论遇到什么样的法律问题,我都能通过这把钥匙,去找到答案。这种本领,让自己受益终生。

紧张而充实的大学生活很快临近尾声了,在即将离别之际,因为"法"与"非法"的问题,我们班与学校又经历了一次风波。在当时,学校准备给企业管理专业的学生发"管理学士"学位,但因为我们班大部分同学是冲着法学来的,所以强烈要求学校为自己发"法学学士"学位,因为我是班长,大家推荐我去与学校交涉。经过数次"谈判",在我们的专业导师孙选中老师的支持下,我们得到了学校的一个特殊政策:愿意要什么学位就给什么学位。这样,我们企业管理黄埔一期的学生,差不多一大半是法学学士,而另外一小半是管理学士。我自己当然也选择了"法学学士"。

毕业后,因为国家政策的关系,我未能如愿进入法院或者检察院,而是被浙江省工商局录取,并分配到其下属的《市场导报》社工作,因此,在接下来十余年的时间里,我的身份是一名记者和编辑。在这一段职业生涯中,我虽然依然从事着"非法"工作,但我利用自己所学的法律知识,将大部分精力投入到消费者维权工作上,所以,我跟法律并不遥远。

2012年,我依赖自己在母校打下的扎实的法律基础,冲刺两个月,一次性通过了国家司法考试。2014年,我正式从体制内辞职,进入律师行业。2015年,我与几名志趣相投的校友和朋友一起,共同创建了北京炜衡(杭州)律师事务所。法律之路,我将一直走下

去……

在一次母校对基层校友的采访中，我告诉采访我的师弟，我们每一步路只要走得踏踏实实，就都不会白走，一定会是自己人生道路上有价值的沉淀与积累。

四年四度军都春，一生一世法大人。我们每一个学子，只要一朝踏入法大的校门，就永远是一名法大人，我们代表法大，是法大的宣传员，是法大的使者，应当用自己的一生去践行法大的使命。

西部之路

——记一次难忘的社会实践活动

袁 林[*]

　　时光如白驹过隙，距离大学暑期社会实践竟已过去 20 多年了。1998 年，对于国人而言，那次特大洪水大概是最深刻的记忆，但对于大二的我，对这亲身经历的事情更有感触。一次普通的社会实践活动，成了至今仍引以为傲的谈资。

　　按照法大的惯例，学生在大二暑期要进行社会实践，大三暑期要进行集体实习。社会实践的形式与内容没有很严格的要求，只要最后能提交盖了章的社会实践登记表即可。很多人考虑在父母单位盖个章，就可以轻松地完成这项任务了，而我的班长有更好的主意，他想组团去集体实践。起初，响应者也不少，但到了具体要实施时，就只剩下我们宿舍的老三、老四和我。团队算是有了，四个男生，被同学们戏称为"师徒四人"。这个称号倒是让我们明确了一个方向，就是去西部进行社会实践。

　　对于此次"新西游记"，四个人都没有什么经验，班长提议，不如找个老师来指导一下。于是，在 4 月的某一个下午，充满诗人气质的青年教师龙卫球博士被我们请到了宿舍。记得那天是个阴天，宿舍里有些昏暗，但龙老师的一席话，为我们拨云见日。他提议，我们首先要明确实践主题，可以以了解农村政治经济为主，以普法

　　* 1996 级，现任中国政法大学党委组织部副部长。

为辅；其次，要做好整个社会实践的规划，包括具体的路线设计、活动安排与材料准备等；最后，还要做好活动经费的筹措等工作。龙老师为我们解答了许多困惑，但也留下了更多需要解决的具体问题。

选择去什么地方社会实践呢？老四说，他家是山西的，可以去大寨，看一看"农业学大寨"的今昔对比，我们都赞成，但还有什么其他地方可以去呢？大家又没了头绪。班长提议，再找老师。于是安排我和老三去拜访杨振山先生。没有人引见，也没有预约，我们两个愣头小子就直接登门拜访，忐忑之情自不必说，但从开门的一刹那，我们就发现所有的紧张都是多余的。杨先生听说是法大的学生要出去社会实践，非常高兴。他讲了许多有关社会实践的想法，鼓励我们一定要深入到基层，特别是要去农村，要关注社会热点问题，比如基层组织换届选举、农村土地问题等。还说，如果有什么法律问题，可以随时找他咨询。正是有了老师们的悉心指导，我们社会实践的思路愈发清晰，班长带着我们翻阅报纸，专门查找有关基层、有关西部发展的新闻。于是，河北赵县东王庄的村委会选举、宁夏吴忠市金积镇涝河桥村的牛羊屠宰批发市场、宁夏中卫市的"沙坡头"治沙、甘肃永登县苦水镇的玫瑰花产业先后进入我们的视野。一条从河北到山西，再到宁夏、甘肃的社会实践之路，逐渐清晰起来。

所谓兵马未动，粮草先行。四个人都来自普通家庭，除了生活费，我们也不好意思再向家里伸手要钱。怎么办？拉赞助，成了唯一的途径。可是去哪里拉赞助呢？讨论了很久，我们想此次社会实践是去西部普法，就决定去律师事务所试试。我们花了一周时间做策划书，又四处找律所的地址、电话。那时没有发达的网络，我们也没有个人电脑、手机，只好去邮局翻电话号码簿，一页一页地找。我们分成两组，去城里的律所一一拜访。每次坐公交往返至少要四五个小时。从5月到6月，我们一直在为拉赞助的事而奔波，但没有一点进展。就在我们想打退堂鼓的时候，班长和老四决定再搏一次。真是柳暗花明，当晚他俩便带回了好消息。他们去了正平律师事务所，没想到该所的李炳成主任是法大校友，他热情接待了班长和老四，并以个人名义资助了我们。虽然这些钱还不足以支持我们完成实践活动，但毕竟是个好的开端。此后，在拜访北京同达律师事务所刘红宇主任、君合律师事务所武晓骥律师时，他们表示身为法律人，很愿意支持法学学生去社会实践。几位律师的慷慨解囊，为我们解决了经费之困。

路线确定了，经费凑足了，我们开始制作实践团队的 T 恤、印制普法宣传材料。在 T 恤上，我们印上了三家律所的名字，以表达对老师、校友、法律同仁的感谢。期末考试一结束，我们就开启了西部之行。绿皮火车、长途客车带着我们穿行于河北平原、黄土高原、河套平原、腾格里沙漠边缘、祁连山脉、黄河岸边……在东王庄的农家小院里与村民促膝而谈，倾听他们对村委会选举的看法，那是比新闻报道更原汁原味的声音。在大寨村与农民同吃同住，开展普法宣传，给小学生讲课；拜访大寨的传奇人物——郭凤莲，听她讲述大寨的过去与现在，并亲身感受大寨人战天斗地的精神和大寨村翻天覆地的变化。同时，又在距离大寨村不足五公里的虎头村看到了贫穷落后的一面，村里没有自来水，富裕人家自己打井，而绝大多数人喝的水就是老天下雨积在坑里的水。进了几户人家，没有电视，甚至连电都不通。回大寨村的路上，我们几个默默不语。只有深入生活，才发现现实远比我们想象的残酷。在涝河桥的屠宰批发市场，我们看到了一个村庄如何利用自身优势发展成为全国最大的牛羊肉专业批发市场。在沙坡头，看到了体现劳动人民智慧的麦草方格治沙法；又偶遇马来西亚华人治沙专家，为我们科普防沙治沙的经验与方法。在永登县苦水镇，因为错过了花季，我们未能见到玫瑰花海。实践活动就在这小小遗憾中走到了尾声。

我们要在兰州作别，各奔东西了。班长邀我去敦煌，我一想自

己每次坐火车回家都会过柳园站（2000—2006 年曾更名为敦煌站），认为以后有的是机会，就赶着回去见父母了。结果，20 年过去了，敦煌飞天依旧是个梦境，那曾经千年不朽的石窟，在这 20 年里大概已褪去太多的色彩。老四要在兰州逗留几日，说要领略金城之美。老三酷爱书法、研习佛经，要去西安拜谒碑林、寻访玄奘法师。于是乎，"新西游记"的师徒四人未经八十一难就作了"鸟兽散"。

开学再聚，已是金秋九月。我们开始操办实践活动图片展。班长喜爱摄影，略通绘画，便负责版面设计。老三擅长书法，负责版面文字。老四和我负责整理材料，撰写实践报告。回顾近一个月的实践活动，我们感受颇多：看到了祖国的大好河山，也体会到普通民众的辛劳之苦；看到了欣欣向荣的改革景象，也体味到百姓深陷贫穷之伤；看到了法治昌明的渐进之路，也体察到封建残余的束缚之深。书本与社会的差异，理想与现实的迥异，都在促使我们不断去思考。

20 年过去了，物是人非，抑或人是物非。杨振山先生驾鹤西去，为我们留下"平等主体关系说""情势变更原则""社会主义劳动论"等诸多论述。龙卫球博士自 2007 年转去北京航空航天大学法学院任职，为该校的法学教育闯出了一番新天地。刘红宇、武晓骥、李炳成都是知名律师，在各自的领域为推进法治建设而努力。而当年的四个毛头小伙子，如今已人到中年。毕业后，班长做了律师，现在还办起了绿色农业园，依旧激情不减。老四从检察院转入律师界，始终战斗在法律一线。老三在公安系统经年累月地加班加点，但一有时间便骑着摩托车在山间追寻闲云野鹤般的生活。而我，就躲在这小而美的法大校园，听着青年学子年复一年地高呼"挥法律之利剑，持正义之天平""四年四度军者春，一生一世法大人"。现在，四个人都忙于各自的事业，是否还心怀理想，不忘初衷？是否还有机会重走"西部之路"，重温青春之梦？

所谓"铁打的营盘，流水的兵"，每一批法大学生都经历了不同时代洪流的激荡。我们与他们或许有太多的不同，经历了别样的青春，但或许也有过相似的经历与体验，就像那一次难忘的社会实践。因为，我们在遇到困难与困惑时，都曾受到过老师的指点、校友的帮助、法律同仁的支持。而且，法大精神已潜移默化融入了我们的血液，让我们有了一个共同的名字——法大人。

正如郑永流教授所言：凡我在处，便是法大。愿每一位在法大学习、生活、工作过的人，都曾在军都山下、小月河畔有一处属于自己的精神家园。无论天涯海角，无论世事变迁，每一个经历过法大精神洗礼的人，都能秉承公平正义之理想，不忘初心，努力为法治之昌明、人民之幸福、民族之复兴、人类之进步而奋斗终身。

法大公交记忆

张永然[*]

　　位于军都山下的法大校园，看得见山，望得见水，距离北京市区40公里，乘坐公交"进城"是每个法大人校园生活里必不可少的部分。以至于如何最快捷、最方便地坐公交都成了法大学子的一门"专业必修课"。《法大出行指南》年年更新，从最早黑白的宣传页升级到时下广泛流传的网络微文。公交也已经成为法大人对于法大在昌平的最深的记忆。

　　经历在法大的二十个年头，虽然北京城市和公交的发展日新月异，但学生时代的公交记忆却始终难忘。还记得1997年，受尽旅途的失望和打击后，来到被誉为"祖国的心脏，首都的边疆"的昌平时，师兄师姐就用略带羡慕的口吻告诉我们，你们挺走运的，走高速"进城"的345支线已开通，无须忍受345路的龟速之苦了。当时听得不以为然，不就是公交车吗？何谈上运气？然而，四年的大学生活为师兄师姐的话做了最有力的注解，我们才逐渐意识到公交对于法大学子的意义。

　　到校后，第一次领略345支线的疯狂，是在大一的十一假期。当时车站在学校南门口，就是一个孤零零的站牌和一个石头平台。等车的每个人都遥望着来车的东关方向，整装待发以期最佳位置冲

---

　　* 1997级，现任中国政法大学研究生工作办公室主任兼学生工作部（处）副部（处）长、研究生院副院长。

上车。不过当来的是 345 路时，人群悻悻只有散去，再等着下一次冲锋。而 345 支线之所以受人关注，就在于师兄师姐说的走高速进城，比 345 路要快上一个多小时。

那次公交经历真是百味杂陈，没费太大力气挤上公交，但却遭了一路的罪。上车后就被挤在了后门的台阶处，而老式公交的台阶特高，人太多，只有前脚掌踩实，后脚跟直接悬空。但即使是这样，我也不用抓紧扶牢，因为已经被固定在拥挤的人群中，所做的是随着车身摇摆、随着人群波动而已。

当然为了少受罪，你还可以选择小巴，现在早已绝迹。等车时，会有各式各样的小巴过来，售票员探头大喊："北京北京，上车有座，5 块一位！"上车确实会有座，但可能是引擎盖、马扎、条凳，等等。而且你要有耐心，不到车无法再上人，司机是不会开车的。不过由于小巴不打行李票，故是假期返校时全身大包小包的我们在挤 345 支线无望时的最佳选择。当然那时价格也随行就市涨到 10 元。

当然，对于有月票的我们，小巴只是最后的选择。月票可是学生时代的大福利。手持一张贴照片盖红章的纸板，附上一张类似现在车票大小、标明月份和金额的纸条，就能当月 10 元无限乘坐除 6、8、9 打头的所有公交。当时往返进城票价是 9 元，再随便坐个啥车，成本就回来了。而且当时月票防伪没什么技术含量，换个照片可以全员通用，即使不换照片，售票员在人山人海中也很难发现。虽说一旦发现就给予 60 元到 300 元的高额罚款，但貌似每个人都有过逃票的经历，被查出只是极少数的"幸运儿"。后来，月票也涨到了 20 元、25 元，直到现在一卡通完全取代了纸质月票。虽然更加方便，但当时甩手出示月票、飘然下车的感觉却真的难以找回。

345 支线确实便利，这并不妨碍法大在"乡下"的这个现实。为了"进城"，我们要起得比鸡早。记得 2000 年冬上考研辅导班时，一干同学相约 5 点半起床，在现在的阳光商厦门前（当时还没修好）赶首班 5 点 45 的车。还好，人不多，车上还能有些位置，可以补

觉。而下午返程则历经挣扎，最好去积水潭起点坐车，还可以有站的地方；而在北郊市场（现在马甸桥西）上车，你会发现貌似年轻力壮的你甚至挤不过七旬老太！345支线往往是在几经努力才关上车门，然后留下一群望眼欲穿的人。而如赶上雨雪等恶劣天气，那么恭喜你中签了，2001年的国考是伴随着飘扬的大雪而来，当时走得早，躲过高速封路，按时到了考场。而傍晚回程时，345支线则在皑皑白雪陪伴下，在昏黄路灯映照下，慢悠悠沿着辅路近晚10点才到校。当然现在345支也变成了345快，从东关改到了朝凤庵村发车，345路也改昌平北站出发了。

除345支线外，就是早已消失的845路。该车作为月票无效的空调车，从十三陵水库直达北京西站，全程10元。该车平时冷冷清清，鲜有人问津，但一到假期回家立刻爆满，大包小包直接上车奔西站，少了中间换车的麻烦。但该车走高速辅路，途经学院路、西直门，一路拥堵，曾创造过5个小时行车记录。后来845路也做了改进，非空调的大站快车，全程票价4元。但面对后来919路的强势介入，其不得不退出竞争。919路作为后起之秀，其从最早的一条慢车线，到现在以8字开头的快慢结合，环绕法大南门、北门的多条线路，为法大学子进城提供多种选择。可惜，这些我们上学时都没有。另外记忆中还有奔赴更远"乡下"的314路和357路，但很少乘坐。

作为一名法大学子，公交记忆复杂而多样。最难忘的是又挤又累，还丢过钱包。但也有着欢乐和希望，去游览故宫、颐和园，去清华、北大，去求职、求学，乃至走向全国各地都少不了它。而随着年岁的增长，随着自己成为一名法大的教师，记忆的内容也不断丰富。当前新能源出租车、区内公交正逐渐取代黑车，跨区公交直接延伸到远郊区县。地铁更成为新选择，一期、二期已经投入使用，直达蓟门桥的南延线也已经立项，不断发展的公交让法大学子与外界沟通更加顺畅、更加广阔。

记住自己走的每一步

周征远*

适逢母校 67 周年校庆，喜庆之时，发现自己竟然已经毕业 17 年。若从 1998 年入校之时起算，至今已经 21 年。二十载弹指一挥间，用同学的话说，当年一个进京赶考的"秀才"，现在却已然是一个油腻的"中年男"。

回忆起在母校的点点滴滴，自己经历了很多，有获得奖学金的喜悦，有参加志愿者服务团的骄傲，也有被人拒绝的"失恋"。但最让自己难忘的是人称母校四大才女之一的薛梅卿教授，留给自己的一句话。

薛老教授是母校法制史专业的权威级教授，记得大学时学的《中国法制史》就是薛教授主编的。不过认识薛老教授倒不是读法制史的原因，而是因为外公是薛教授爱人黄卓著教授的朋友，加上自己又特别喜欢历史，就主动联系和拜访了薛老教授。记得自己在读大三时第一次去薛教授家，想到几十年的老教授，应该房子不小，但没想到竟是不到 100 平方米的小三房！房间里摆的是 80 年代的老式家具，但从客厅到卧室，竟全部都有书柜，书柜里放满了书。打开书柜，没有一本书有灰尘，我随手拿出一本书，十几年后仍然记得这个情节，书名叫《宋刑统》，里面加注了不少注释，一看就知道

* 1998 级，现任广州市海珠区人民法院审判委员会委员、刑事审判庭庭长、四级高级法官。

是被反复阅读过，但书面却还是那么整洁。

认识薛教授后，每次去见薛教授，她总在问我有没有深造的想法。读法大的研究生，名校、名师，当然是我想的。可薛教授却对我说："我鼓励你考研，是觉得你喜欢历史，可以钻研一下法制史，但如果以后想去赚钱、发财，法制史不一定适合；而且，法制史研究的过程比较枯燥，你要有心理准备。人生选择自己的路，要实事求是，要从本心出发，喜欢就喜欢，不喜欢就不喜欢。学术也不要脱俗，接地气的学术才是有用的。"听完这些，半懂不懂的自己，不仅感受到老教授对自己如同看待孙儿似的爱心，更切身体会到教授那几十年的人生感悟和谆谆教诲之心。

应该说，自己读大学时是有点颓废的，很少泡图书馆，经常在宿舍睡懒觉，薛教授的教诲，让我醒悟了些，但时间却已经翻到了大四，不努力的自己，必然考不上母校的研究生。

毕业后，因姐姐在广州，且碰到一些感情上的问题，故而工作就选择了去广州一个基层法院。当时许多同届同学留在北京工作，广州对自己来说是一个完全陌生的城市，除了二三个同学外，就没有什么认识的人，而且又去的是基层，觉得发展平台受限，心情一度很低落，多次借酒消愁。离开北京之前，再一次去了薛教授家，低落的情绪被薛教授察觉了，薛教授没说什么，只是和我谈起黄卓著教授当年的事。黄老教授是母校经济法系创始人，也是我国律师界赫赫有名的人物。照理，作为著名的律师，家财万贯并不奇怪，但黄老教授从不因案收取巨额律师费用，反而常常帮助经济困难的公司、个人解决法律难题。1989 年的时候，南平市南纺公司碰到一起涉外经济官司，因公司领导不熟悉海外市场，导致错误签订合同，若败诉，可能整个企业都要因此倒闭，职工都会下岗。不少律师都觉得头痛，南纺公司慕名找到黄老教授，黄老教授看到自己家乡的企业碰到困难，义不容辞地答应了。在黄老教授的专业知识帮助下，官司最后打赢，南纺公司领导非常感激，挽救了企业，巨额的律师费却被黄教授婉拒。这段故事，在教授的南平老家被传为佳话，甚至记入了地方史志。听到这段话，我明白了薛教授的苦心，只要认真做好自己的工作，不要贪图一时富贵，专业知识精湛、做人做事实在，就一定会得到认可。

毕业之后，一直和薛教授保持联系。记得一次去北京，那时刚从书记员提升法官，手中有了一定权力，谈吐间不由有了一丝傲慢，薛教授敏感地体会到了这一点，她请我在母校学院路旁的小饭店吃了一顿饭，饭后薛教授送了一本笔记本给我，在封面上，薛教授写了九个字"记住自己走的每一步"！写完后，薛教授语重心长地和我说道："政法大学毕业的学生，很多毕业后会有自己或大或小的权力，权力有时会让人沉沦，迷失自己的方向，所以一定要记住自己走的每一步。在学校里学的只是一个基础，在社会上，一定不要忘记自己的本心，要有底线。"

人，切勿忘本，薛教授的话顿时让我不由脸红。在物欲横流的社会，更要保持自己清醒的头脑。对比母校江平、黄卓著、薛梅卿、巫昌祯、严端、孙丙珠等著名老教授，我们的所谓的事业有成又算得了什么。一切自在人心，做出一番事业，关键还是看老百姓的评价和历史的认可，就像黄教授30年前代理的南平市南纺公司经济案，至今仍被人称赞有加。

薛教授并未教过我专业课程，但却给上了一门实实在在的"人生格理"课。感念法大四年，更感念传承于一代又一代法大人的"厚德、明法、格物、致公"这一信念，正是在黄老教授、薛老教授这样一代又一代的法大人的传承下，成为激励法大学子的精神支柱和价值观，成为让全体法大人追求的精神品质和社会责任感！这也让自己在走上工作岗位后的17年间，不断激励自己努力学习，顺利通过之后的硕士入学考试、博士入学考试，并开展刑事速裁、认罪认罚从宽、网络犯罪研究等一系列对社会有益的实务研究，走出自己能记住的每一步！

梦想开始的地方

武聪颖*

　　最近在微信上刷到一篇推送——"最in时尚单品，竟然是20年前妈妈穿过的"，一种熟悉的画面感扑面而来，突然意识到，20年前的我、我们，就是这样青春洋溢又自成一派，带着对未来的期许和迷茫，走进我们的大学。

　　时至今日，我依然非常清晰地记得，1999年那个炎热的秋天，校园里林荫道上到处都是迎新的横幅，1999年是教改本科院校扩大招生规模的第一年，我在院系分配的名单海报栏前徘徊许久，终于在国际经济法系找到自己的名字，这是学校老牌法律专业的三个系之一，但和另外两个系——法律系与经济法系相比，人数最少。后来师兄师姐们说，国际经济法系本来是入学成绩靠前的学生，我们这届人太多，拉低了原来的水平。事实上，这一年的扩招确实成为一个分水岭，除了学生管理和个别选修课，仍然按照院系划分辅修，三个系在学习内容上互相融通、分享，四年之后毕业，都印着"大法学"的标签，已然不分彼此了。

　　学校开放、自由的学风，让十年寒窗的我如鱼得水。每年开学，江平校长都会在礼堂给本科生们做一次激情洋溢的讲座，老先生关于法律与人生的感悟春风化雨、平实幽默，在传道授业解惑、言传身教中让这所大学的精神薪火相传。一个学期精彩的大幕拉开，各

　　* 1999级，现就职于深圳海关缉私局罗湖分局法制科。

个学科风格迥异的名师们轮番出场，或长于理，或务于实，或精于辩，每每回首，老师们上课的情景仍在眼前——大一基础课，法理学老师踱步于讲台上，话语平缓温和，思绪纵穿古今，求索于上下五千年的真理；必修课程，学生爆满的阶梯教室，民法、刑法界的大咖们，用鲜活的案例、深厚的积淀和精到的阐述，为学生们带来一场又一场精彩绝伦的法学"大餐"，每一个观点、每一个案例，都闪烁着理论认知与实践碰撞的火花；特色专业课，那些国际贸易术语并不简单枯燥，老师总是能用生动的分析和独到的总结，让人感受法律的科学与精准，现在我还保留着张丽英老师海商法的笔记；毕业后，在法制节目、法学书本中看到老师们，一如当年课堂上一般熟悉、亲切。当年学得的知识，让我在工作时更从容，有些讲授和指点寥寥数语，日后细细咀嚼才知意味深长；必须要说的是，法大的讲座总是让人幸福感倍增，没有课的晚上，只要在海报栏前走一遭，总是能找到让人眼前一亮的讲座，热门人物、新鲜资讯、天南海北的热聊话题，享受一次思想的盛宴，来充实自己空虚的见闻和视野。

四年行走的意义，不仅在于拓宽眼界、增长见闻，更重要的在于认识一群同路人，一起走过四年大学生活，还有些陪伴我此后 20 年的人生。这一切的起点，就在我们初识并一同走过的校园，一起住过的六号楼，我们嬉笑打闹的宿舍，丰富多彩的社团活动，法学书籍浩如烟海的图书馆……还记得大一时幸运地遇上北京的第一场大雪吗？未见过雪的你穿着单裤就跑出去，迎着漫天白雪打着雪仗，脸上洋溢着阳光般灿烂的笑容。第二年春天却吹来了特大沙尘，出生在北方的我，也没见过这么大的风沙，漫天黄沙肆虐犹如身处沙漠之中。但从那一年起，北京的环境就在慢慢改变，直到毕业也再没遇到过这么恶劣的气候。还记得千禧年的新年晚会吗？好友一曲扬琴独奏金蛇狂舞技惊四座，也预示着新纪元开启的紧张和忙碌，作为首都的大学生，我们深度参与了建党 80 周年、建校 50 周年、

世界大学生运动会，一面旗帜、一腔热血、一种信念，时间的纵轴线将我们与北京、天安门、人民大会堂联系在一起，让人与有荣焉、倍感骄傲。还记得大四遇到的非典吗？很多人没能回到北京，我们在校园里度过了一个不完整的毕业季，毕业典礼上唱起"再见了最爱的人"，所有人泪流满面。多年以后，那些伤心地以为无法再见的人，还可以有惊无险地再见，一起感慨经历人生这么多悲欢离合，所幸一生有你。

见证一个时代，也不可避免带着她的印记。再回校园，发现学校发生了很多变化，新建了很多学院，学科设置、教学理念不断完善和转变，修葺一新的教室、宿舍、操场、水房，让人羡慕学子们现在的幸福，只是坐在法渊阁门前的大台阶上，还是会想念当年的土味校园，入校时的铿锵誓词，和20年前军都山下的佳人才子，每一位在法大这块热土上奋斗过、生活过的人，在这里演绎的每一个故事，都构成了法大的底蕴和值得守望的精神家园。

毕业以后，和法学院的教科书一样，我们每个人都在不断发生变化。从学生到社会人，从为人子女到为人父母，更主要的是多数人，也包括我，从理想抽象的法学象牙塔走出来，离开纯粹对法律精神之追求，开始面对一个个真实的社会具象。公平、正义与程序，就在于办理每一宗案件、对待每一个当事人时，能够遵从执法者自己内心的真实声音、信念的执着坚守和对责任的社会担当，追求实现让每个人都活得有尊严的法治社会。这一点，感恩于母校良法善治的精神启蒙，成为我法律人生的力量源泉。

岁月弥珍，刹那芳华，无论世事变幻，成为自己想要的样子——保持一颗赤子之心，不仅现在，而且将来。

2000 年代

别样的法大：军都山下无关法学的生活点滴

施兆军 *

想到母校，脑海中最先跳出来的，依然是那句"四年四度军都春，一生一世法大人"。

2000 年我被母校录取，进入经济法系学习。记得在入学之前，我还专门去找高我一届的平宽师兄打听学校的情况。从拿到录取通知书，就常常梦到上学的场景，然而从未出过远门的我，梦境总是到了车站就戛然而止。转眼已毕业 15 年，工作在基层，既无法学相关贡献，也无过人岗位业绩，相比于母校各种事业有成的师长、校友们，难免惭愧忐忑。

突然要写一篇自己和母校有关的文章，"近乡情更怯"的情绪油然而生——时空的距离让我觉得遥远而陌生，曾经熟稔的名字、那些活泼的面孔却又那么清晰地浮现眼前。无论离开多久，虽然难得再见，那些温暖而美好的记忆，已经融入生命，需要的仅仅是一个唤醒的契机。

一、电话

那时候，宿舍里没有电话，宿舍管理员办公室里有一部电话，如果你的亲朋好友打通了这个号码，那么大爷又或大妈那亲切的声

* 2000 级，现任职于江苏省盐城市中级人民法院。

音便会在宿舍的小喇叭里响起：某某宿舍谁谁谁，楼下接电话！当然，这是一个很小概率的事件，近千人公用的号码，能打进去，并且你刚好在宿舍，嗯，你会激动得泪流满面，飞奔下楼，心中默念："中奖!"

所以，更多的同学，把通话的希望寄托在了校内几幢宿舍楼下的 201 插卡电话机上。要打电话得排队，排多久，取决于两个因素：一是讲电话的同学卡里还有多少话费，二是你前面有多少人。

记得特别清楚，刚入学不久就已临近中秋，几部电话机前一到晚上便排起长龙：从五号楼绕个弯到二食堂。那时没有手机，没有微信，没有抖音，没有 b 站，没有王者荣耀……这是"货真价实"的等待，等待着听到远方的声音。

于是，装电话成为一种迫切的需要，于是，有一天，在食堂的门前出现了签名的海报，于是，宿舍有了电话。

一时间，流传最广、实施频度最高、没有之一的恶作剧过程如下：拿起话机，随便挑个宿舍打过去，"喂，同学，您好！我们是昌平电信局的。""哦，您好，您好！""近期给大家新装了电话，为了保证电话功能正常。请您配合我们测试一下可以吗?""哦，好的！好的！""请您现在从 1 依次按到 9。"一通刺耳的按键音之后，"是这样吗? 我们的电话没什么问题吧?""嗯，谢谢配合！电话没什么问题，不过好像您的智商有点儿问题……"随后，挂上电话，全宿舍人笑作一团。

配图从左至右是我们经法2班的谢昉、谢快生、张扬、刘光宗、王勇和曾红林，在致谢他们当年本色出镜之外，更要感谢画外那位拍摄的同学，帮大家留下了这宝贵的瞬间。

因为通讯的不发达，所以那时候还有一种让人激动的联系方式：写信！现在师弟师妹们还会不会通过这种"原始"的方式进行联系？家人、昔日的同学，彼此小心翼翼，字斟句酌，给对方描述新近发生的事情，讲述自己的学习和生活。现在依然保存着不少当时同学的来信，当我回想起这些信件，却怎么也想不起它们是如何到达我手中的。电话联系了班长邱瑜，原来是曾作为生活委员的她和张扬分别负责分发男女生的信件。给所有的生活委员们再道句感谢！

当然，还有一种和在京的同学通联的方式就是拜访。出学校南门，想有座的，左拐去东关始发站，不介意的右拐去阳光商厦，坐上345路公交车，去往市区，或者叫"进城"。据说，学校的"345诗社"即来源于此，因为这是当时唯一一路通往昌平外的公交。如果你至今对马甸桥下的拥挤长龙心有余悸，对车到沙河可以坐下的轻松留有印象，估计我们是同时期的法大人。

二、海报

正是因为不那么充裕、便利的物质生活，催生出很多同学们之间联系、交流的活动，比如种类纷繁、领域众多的学生社团，比如各种讲座，比如联谊。而这所有的所有，都离不开一种媒介——海报。

海报最为招展的时刻，首当每年9月迎新之时。主楼门前的小道上，人头攒动，各个社团的师兄师姐们全部出动，推介各自的宗旨和活动，可以说，社团招新是每年法大的一件盛事。当然，这个场景法大人可以自行脑补，无需图片。

我也不能免俗，加入了法学会。据法大迎新网的消息，这个社团好像已经不存在了。那时的伙伴有王芳、老戎、黄海、曲锐、李冉、肖敏、王洋、家琛、苏毅……大家在一起，琢磨着办各种各样

的活动，而我和曲锐则负责给这些活动写文案、画海报。

还记得请张建伟老师做"法制电影展评"系列活动，由张老师提供电影，把电影里涉及的法学问题提炼出来，我们组织大家观影，并请张老师进行点评，有时候也会有提问和讨论。活动之火热超出了我们的预期，即使教室挤满了还是有同学要进。

活动火了，海报更多。因为都没什么正儿八经的美术功底，就着杂志画海报常常返工，于是我们就成了主楼地下室的社团活动室的常客，主要工作就是加班加点浪费颜料。

就这效率，海报画好了，问题又来了：贴哪儿啊？可以吸引大家眼球的，就是在二号楼门前、一食堂对面可以摆放贴海报的板子，再然后就是北门外九号楼进门的地儿可以。就我们这"二把刀"的效率，等到我们拎着海报和浆糊出去的时候，好的地块早让别的社团给占了——法大的社团活动那是相当精彩和丰富的。只好逐一认真阅读已经占位的海报，终于逮到一张，已经贴出来有两天的，不管了，刷上浆糊，贴上走人！

后来因为学校的需要，将法学会划归法律系学生会。我们几个又加入了知行社，继续我们的活动。2001 年 9 月 6 日，我在日记中写道："我深爱着法学会，不因为她叫什么，而是因为大家真心凝聚成一团，为共同的兴趣和目标而努力的过程；是因为社团里民主而充满人文关怀的氛围；是因为彼此间平等协作的感受。我们是累，我们愿意！"

大学毕业后，我先后在人民法庭、县法院、市中级人民法院工作，现在想来，我在相当长一段时间内从事法院宣传工作，可能或多或少和这段社团的经历有关；能够不错地融入新的工作环境，并在新的工作岗位上尽己所能努力工作，肯定和这段社团的经历有关。

三、网络

这个名词，对家长而言，更多是担心甚至是梦魇。无论你喜欢与否，无论你在里面干什么，这是"80后"法大学生绕不过去的一个话题。

大一，整层楼也没有几台电脑。记得最早是班级里要做班刊，就那种最简单的 WORD 排版，两栏对开，然后把文字敲进去，配上 WORD 自带的"创意图形"。用现在的审美看来，就一个字：土！可是，那个时候，没有扫描仪，没有数码相机，没有压感笔，也没有网——你没看错，没有网！即便是后来装了电话，我们也只能用 256K 的"猫"拨号上网，在那个打电话都贼贵的年代，自己一台电脑单独上网，是很"壕"的。

所以，我们选择去东门。不夸张地说，2000 年左右，东门外的网吧至少有 100 家吧？那个时候会用很夸张的大字宣称 ADSL 高速上网。然而实情是，当你需要一首歌，一定不能选 MP3 格式，因为那东西体积庞大到 3M，甚至更大！你得等上半个钟头才能下载完毕，而且，就算下载完毕了，你也带不出来，因为 U 盘还没普及，即使有也不是插上就能用！一张软盘只有 1.44M，所以要么你就多带几张软盘，还得会点儿切割文件的小技巧，否则，就算你在网吧里下载到了自己想要的东西，也只能干瞪眼。那个时候做梦都想着，要是能有高速的网络，要是能随时随地获取想要的资料就好了！

计算机课上，帅气的姜振宇老师让大家叫他"小姜老师"，跟我们讲他们人大的同学怎么改 mud，这开启了我最早关于网络应用的想象。当我们的小姜老师出现在综艺节目上的时候，我和女儿讲这是爸爸的计算机老师，女儿很认真地和我说了俩字：吹牛。

2003 年，非典之前，学校全面开通了校园网，终于可以通过 LAN 的方式，与各大高校通畅地互相访问。那个时候，印象里谷歌还在中国，百度非常孱弱。第一次，我们在自己的校内网上做了一个很小的白板，有且仅有一个功能：留言。白底黑字地留下自己的 IP，以及自己希望寻找的资料，然后会有热心的同学在下面回复你，告知下载地址。终于开始体验像样的"网络"了。

　　然而福利还没享受几天，8 月就大规模地爆发了"冲击波"病毒，绝大部分同学的电脑一两分钟就重启。我们那个白板征召义工，大家带上工具，全校帮忙打补丁。那时候大家都想着要是能有一个批量的工具，把所有的电脑都能管起来多好！

　　十几年以后，当我主管全市法院的信息化建设时，当我用相对技术的思维去思考工作中的效率问题时，不免要感谢在军都山下四年"原始"的网络经历，在那些折腾的过程中，我逐渐感受到技术进步对社会的全面改变。无论我在什么样的工作岗位上，这些思考和折腾对我的影响会一直继续下去。

　　"四年四度军都春，一生一世法大人"，这不是一句口号，当我忙碌于每日琐碎的工作时，已经模糊了曾经在法大的诸多细节，回首捡拾，原来母校曾如此宽容、丰厚地滋养我"不务正业、野蛮生长"。承认与否，法大的乳汁已浸入我们的生命，未来，无论我们如何普通，有这份滋养在，定会继续笃定精神、踏实前行。

我在昌平读大学

肖　敏*

我的学校，在昌平，它的全称是中国政法大学。

我就是一个学法的女生，告诉别人我们是文科，似乎没人信，可能文科女生应该是袅袅娜娜、小鸟依人的吧，我们不是。有人说我们说话语速太快，有人说我们走路姿势太正，有人说我们太不会装可爱，有人说我们应该把"难得糊涂"贴在床头每天背诵30遍。我曾见过同伴遭遇不公后用"一、二、三、四"的长篇大论把对方弄得哑口无言，我曾见过师姐一拳把可恶男友打翻在地然后高声痛斥；我还亲自参与让政治、法律、心理、哲学、经济学、社会学满天飞，为的竟是安慰感情受挫的室友，以便清晰准确地定位与分析两人关系；我还与室友们共同努力四天养死一只兔子、一个月养死一只乌龟，以及目睹死因不明的仙人球枯萎在垃圾箱旁……

一群奇怪的女生呆在神秘的昌平，很多人如是说。

"在哪读书?"

"昌平。"

"出门坐牛车吗?"

"不坐。"

……

"有空来昌平吧。"

---

* 2000级，现供职于恒生电子股份有限公司。

"在河北境内吗?"

"……"

曾经怀着对故宫红墙碧瓦的热爱来到首都北京，以为能时不时畅游天坛北海，眺望博雅塔，感受清华园……以为能够随意地走出校门，伫立在北京大气的街道上看车水马龙，能时不时坐着地铁四处游荡，去故宫红墙外的长椅上伸个长长的懒腰，能经常跑到庄严肃穆的建筑物前，让门口如雷贯耳的牌匾震一震我晕乎乎的神经，然后信心满满地回到校园，感受从前可望而不可即的大师们，近在眼前给我们带来各种惊喜……

那个九月，一辆校车载着我们，驶出西客站，驶过长安街，驶过海淀区，驶过繁华喧闹，驶上八达岭高速，灰黄的田埂和杨树纷纷后退，终于到达目的地：昌平！那一刻，隐隐听到一阵碎裂的声音……原来，我们未来的四年，将在什么都没有的，北京昌平度过。

昌平的天很蓝，晚上星星很多，这里不缺水，因为十三陵水库就在旁边。学校后面是绵延的群山，风吹过来，时而可以感受到黄土的气息。

曾经一度愤懑，觉得很滑稽，我说我学文，别人不信；别人说我在北京，我不信。曾经倍感孤寂，一起到北京读书的老同学们仿佛天各一方，想找个人同看夕阳都倍感奢侈。我知道自己在北方，但怎么也不相信身处北京。

不知从哪一天开始，也想不到哪一天会结束，我爱上了自己是学法女生的身份，也爱上了这空旷空灵的昌平。昌平是安静的，慢慢地，我也学会了安静，安静地看书，安静地学习，安静地欣赏蓝天，安静地编织未来，在安静中完善自我，在安静中走向成熟。安静，很好！

我知道我们学校很小，但它给我的感觉却是辽阔；我知道城里很多学校很大，但总觉抑郁，走出去，是大道，是商店，是数不清的车水马龙、人声鼎沸、灯火通明……感觉无论多努力，走啊走，总也走不出那份喧嚣。伫立法大的校园，当我仰望无垠的蓝天、飘浮的缕缕长云，当我眯眼感受如血残阳、温润天际，我揣度着它的浩瀚，才发现，原来，它们就在法大的上空……出了法大有限的门，走向的，是一片无垠与无限，沿途有山有水有田埂有旷野有无羁有舒畅……法大，真好！

老师们每天坐着校车往返于昌平和海淀，他们很累，却没有忽略我们，为各类讲座奔波着的嘉宾们，带来知识与智慧的同时，还带来一份执着与感动。距离不仅带来美感，更沉淀一份真情，醇醇的，和着悠悠岁月持续散发着淡淡清香。

安静的昌平和法大带给我们很多，在这里，我们挥别幼稚与天真，开始接受属于自己的挑战，会很痛，但是，痛并快乐着。曾经以为随着年龄的增长，很多事都是水到渠成的，原来不然，通过不断的努力、思考与积累，渐渐地，我才明白了自己想要的是什么，真正适合自己的是什么。从此，幽静不再令我感觉孤独，只会让我更加踏实和冷静。

感性与理性并重，将温柔藏在理智背后，这就是学法女生。据说，外表温柔的女生可能心肠冷硬，而貌似坚强的女生，心底常有一块柔软的地带，其实她们，有可能才是真正的温柔。的确，有时我们会显得冷漠、精明、过于较真、过度理性，以致让人觉得难以接近。其实我们只是在分析与衡量，我们不伪装自己，也不自欺欺人，经过深思熟虑的事，便会义无反顾地全力以赴。我们坚定、执着，公平正义感早已浸透灵魂，每个人都应该有自己的定位，每个人都应该扮演好自己的角色，我们就是这样，我们也喜欢这样！

学校图书馆前有个大阶梯，坐在上面，享受北方暖暖的阳光，很是惬意，耳边还不时回响起毕业生在晚风中留下的吉他声和歌声。睁开眼睛，捕捉与感受青青校园的纯美，闭上眼睛，做个关于未来飞翔的美梦！

刚柔并济的人是幸福的，苦乐交织的人生是完满的。

我在昌平读大学，这将是我人生最值得纪念的一段岁月，一定的！

后 记

这是我 17 年前写的文章，发表在 2002 年的《青春法大》上，文笔稚嫩但是情感充沛，现在的我，估计再也写不出来了。原以为跟很多人和事一样，这篇文章会被岁月的尘埃渐渐掩埋，所有人都会忘记，包括我自己。没想到，17 年后的某一天，我居然在网上看到它，惊喜之余，一看署名，我惊呆了，作者竟然不是我，却是法大 95 级的一位师兄。那篇改名为《那些年，我在昌平读大学》的文章，发表在 2019 年学校校报上，还有很多公众号的转载，至今网上还能有它的痕迹。我愣了足足快五分钟，才反应过来，我被抄袭了！我始终不明白，这位师兄为什么要这样做，对母校的怀念为什么用抄袭来表达，抄的文章为什么好意思发表在校刊上，他毕业之后我才发表的文章，他上哪抄的？我将两篇文章的对比图发在校友群里，收到很多陌生校友的关注和支持，甚至很多律师和法官校友们主动提出来要替我维权到底，这一切令我倍感温暖，再次感叹，学法律的人，公平正义感果然深入骨髓！

作为文章的作者，其实最幸福的事，就是自己的文字被很多人看到，如果能让人有所触动，有些共鸣甚至有点喜欢，更是求之不得。看到不少校友留言，说这篇文章让他们秒回过去很有感触，我倍感欣慰。某些时候，谁是文章的作者也许不那么重要，重要的是，我们有一个共同的名字，法大人，我们共同的回忆因它而点燃，我们对母校深沉的爱因它而更加炽热。所以在某种程度上，我也要感谢这位师兄。

是非成败转头空，青山依旧在，几度夕阳红。过去的终将过去，不变的永远不变。我只是衷心希望，每一位在政法大学接受多年教育的政法学子，毕业之后，无论身在何处、身居何位，都能俯仰无愧天地，处世为人对得起学校多年的培养，对得起自己法律人的身份，对得起良心！不求为校争光，至少，不能给学校抹黑吧？希望那位师兄看到这段文字，能引以为戒，今后谨言慎行，不要再犯类似的错误。

非典时期的校园生活

陈　睿*

　　前日坐在地铁上，一抬头又看见了贴在舷窗上的"今日已消毒"字样，突然意识到，又到了熟悉的 5 月。有些燥热的春风里，消毒水的味道似乎依旧没有散去——自从那场让世人闻风色变的疫情开始，这车厢里的日子就随着记号笔擦了又写，写了又擦，已经整整16 年了。

　　16 年前的春天，在登上火车返校前的日子，我就听闻广东那里已经把板蓝根抢购脱销。抱着一种看热闹的心态，我无忧无虑地回到了两千公里外的校园，早把这些笑谈抛之脑后。可谁曾想，那一年的夏季风吹得又快又狠。到 4 月下旬，全北京已经俨然进入"战时"状态，高校全部停止集中授课，校园实施封闭式管理。有的同学选择在最后一刻"逃离北京"，但更多的还是像我一样留在了学校，却也体味到了不同以往的校园生活。

　　在法大的昌平校区一共有三个门，这三个门也经常被拿来调侃法大校园的精致："站在拓荒牛前就能同时看见法大的三个大门。"现在同学们可能也会对法大东门"门虽设而常'关'"感到不解，对学校故意给同学们设立"人民群众日益增长的美好餐饮需求和需要从南北门绕远路"这对矛盾而置气。事实上追溯到 2002 年的夏天，法大东门就因为"蓝极速网吧纵火案"而停止正常开放，因为

---

　　* 2001 级，现任职于中国政法大学党委宣传部。

当时法大东门外松园"堕落一条街"为了充分体现与法大的经济互补性，除了发达的餐饮业以外，一众网吧也是开得如火如荼。学校关闭东门的思路应该是通过制造不便利来保护学生的人身和财产安全不受侵害——扯远了，总之到了风声鹤唳的 2003 年春夏之交，在"隔离隔离再隔离"的大背景之下，法大东门是绝无再开放的可能了，不仅大门紧锁，整个东门还被钉上了一层蓝色瓦楞铁皮，将法大从视觉上从社会中隔离出来。

同样享受"隔离"待遇的还有学校北门和家属院中间那条路，本来那是条社会道路，但为了保障校园的充分隔离，在非典期间，这条路东西两侧都被同样用瓦楞铁皮打了隔断，东侧朝松园的方向被彻底封死，西侧也仅在表厂前开了一个出入口。这个出入口和当时学校南门，就是出入整个法大校区（含家属院）仅有的两个口子，学生出校先要找辅导员开条，写明事由，时限则通常为一个小时。对计划经济没有什么感受的 80 后大学生，也实实在在体验了一把去校外采购商品还要先找人批条子的有趣经历。

校园封闭了，其实也更加开放了。学校停止了集中授课，紧凑的校园却变得熙熙攘攘。因为课业负担的整体下降，留给同学们自由支配的时间也愈发多了起来。四五月的晨光一天比一天明媚，每天早晨 6 点宿舍楼开门后，整个学校一下子就热闹了，有积极锻炼身体防预非典的，更有不落人后刻苦晨读的，而法大最流行的"占座"在那段时间没了踪影，大家宁肯在紫藤长廊里蜗居一角，也不愿意去教室和图书馆等所谓"人流密集"的地方感受病毒带来的恐慌。学校为了鼓励同学们多参与运动，几乎全天开放了所有运动场所，甚至连体育馆外也摆上一堆乒乓球台，拉上了两只羽毛球网。同学们更是把寸土寸金的法大利用到了极致，端升楼前跳长绳、法治广场踢毽子，而北门外那条被封闭起来的马路更是成了再适合不过的五人制足球场，射门只要不打高炮，就连捡球都省了。

有喜欢运动的，当然也少不了愿意宅在宿舍里的，宿舍里的各

种活动也不见得就一定乏味。那个时候，家境稍微宽裕一些的学生，都购买了电脑，虽然可能是打着方便学习的名义。学校的互联网建设还属于初创阶段，学生宿舍在白天工作时段只能接入校园网，而不能访问真正意义上的互联网，所以对于男生来说，玩游戏毋庸置疑是电脑的第一用途。时逢电子竞技的第一波高潮，同学们只要接上网线，就能在宿舍内对战星际争霸、反恐精英、帝国时代、红色警戒这些热门竞技游戏，而非典期间课业压力大幅减轻，"Battle"起来更是杀得天昏地暗，忘了吃饭、忘了睡觉都是小事，甚至忘了和女朋友约会的都大有人在。

而到了晚上，随着互联网访问限制的解除，法大第一批"数字原住民"的生活则变得更加丰富多彩。可以点开企鹅窗口和对面不知性别的网友聊得不亦乐乎，也可以跑到各大 BBS 或抒发自己的家国情怀，或分享各自圈子里的家长里短。更有法大同学不满足同学们在互联网上交流还要跑到校外网站去，希望在学校内能够建立一个属于法大人自己的站点，现在回想起来，后来出现的沧海云帆论坛、学校官方设立的法大 BBS 以及 BT 下载站点，倒也确实是从这个时期开始萌芽的。

当然，每天必不可少的还是得先登上当时处于互联网绝对主导地位的"新浪""搜狐"等主流门户网站，看看非典疫情有没有愈发地不受控制。实话实说，在非典病毒肆虐最严重的那一段时间，看着每天近百人的新增病例人数，真的能从 84 消毒液的气味中闻到一丝丝恐惧。幸而学校的环境让人安全感倍增，记得当时作为留校学生干部的我，每日还需要值守在学生宿舍楼前，担任"抗击非典，先锋先行"的先锋团员，其实也并无什么特殊任务，更多的时候只是在初夏暖暖的阳光下，享受着环绕在校园广播里的波澜不惊。现在回想起来，非典期间的这段校园生活是大学四年中最有意义的一个部分，我的求学生涯要是错过了这样一段特殊的经历，一定会感到非常遗憾吧。

那些在大山里的日子

王　广[*]

　　大多数人至死不曾发挥自己的能力。他们生时带来万贯财富，却一贫如洗过完一生。

　　　　　　　　　　　　　　　　——奥尔雷奇（A. R. Orage）

　　梦，是那无尽的梦，穿过清早升腾起浓雾的茶林，吹过茶林前低矮的临街小屋，跳过尚未开始空无一人的集市，远远地绕过上面题写着"中原茶叶第一乡"的牌楼，静静地等待着起床铃声的敲响，迎来八里畈高中的又一个春季的黎明。

　　这是坐落在大别山深处的一座小镇，一横一竖两条不足百米的十字交叉主路是小镇的骨骼，挺起了小镇的脊梁，也描摹出小镇大概的模样。路边的屋子是小镇的肌肉，川流的人群是小镇的血液，小镇的大脑是乡政府，心脏却是八里畈高中。这所高中是新县仅有的两所设在乡镇的高中之一，曾是这里的人们证明耕读传家优秀传统的骄傲所在，附近乡镇的孩子们在这里接受高中阶段的教育，然后离开故乡开始外面的生活。而这里是我们中国政法大学第八届研究生支教团服务、生活、奋斗过的地方。

　　2006 年的 8 月，结束了共青团中央在上海的培训，我们中国政法大学研究生支教团一行四人踏上西行的列车，来到河南省信阳市

---

　　* 2002 级，现任职于中国移动通信集团有限公司。

新县的八里畈镇高中，开始在这里为期一年的支教生活。

新县位于河南省信阳市南部、大别山腹地、鄂豫两省交接地带。这里是全国著名的革命老区和将军县，走出了著名的许世友、李德生、郑维山等93位将军和省部级以上领导干部。新县先后诞生和养育了红四方面军、红二十五军、红二十八军三支主力红军。红色革命歌曲《八月桂花遍地开》《三大纪律八项注意》从这里唱遍全中国。这里还是有名的对外劳务输出基地，很多孩子的父母和亲人经过培训出国从事劳务工作，因此当地的留守儿童问题较为突出。此时的新县还是一个常年要靠国家政策支持的国家级贫困县，而要正式脱掉这顶帽子，要等到2018年的时候了。

八里畈镇离新县县城近30公里，要想进城需要坐上微型面包车开40分钟的山路才能达到。有几次深夜坐车赶回学校，在感慨司机大胆心细的同时，也不由得手心出汗，紧紧地抓住身旁的扶手，生怕被甩下旁边陡峭的山崖。

一、烛光照亮心灵

8月的中原依旧是流火的季节，正午的阳光炙烤着大地。新建的教工宿舍刚刚竣工，墙面都还有些返潮。入夜时分，前所未见的硕大的飞蛾围着院里的灯泡打转，然后在清晨的纱窗上留下一排黄色的虫卵。整个学校加在一起有20多个班级，据说都是中考的时候在全县排名1500之后的学生，很多家长只是想让孩子在这里住校学习一段时间，待成年后跟随自己外出打工。学校大部分孩子的家都在村里，每个月只有两天的放假时间，让孩子们能够回去拿换季的衣服和生活的杂费。一时拿不出饭费的孩子，就拿家里的粮食来换取饭票。

八里畈镇的清晨开始于6点钟学校大喇叭晨起的音乐，结束于9点半下课的铃声。第一次给学生上晚自习的时候竟然遭遇了停电，不由得心中窃喜，这是自己上高中时埋在心底却未曾实现的愿望，多少次在高考复习的时候，希望学校能够赶紧停电，放学回家。就在我要宣布可以放学的当儿，眼前的一幕却让我震撼起来，每一个孩子都没有离开座位，他们很淡定地从课桌里摸出早已准备好的蜡烛，拿着不知从哪得来的火柴，熟练地将点燃的蜡烛放在课桌上，继续看书。于是整个教室陷入一种祥和的温馨，原来每个人的脸庞在烛光的映衬下都会显得生动起来。教务主任局促地走到门口，跟我解释这里经常会因为电压不稳而停电，让我别太惊慌。不到 10 分钟，教室里的灯恢复了正常，学生就像什么也没发生过一样，继续埋头看书，就在那一刻，我真切体验到荣格所说的一种"超我"飞升般的愉悦，眼前的光明如闪闪花火终至连成一片。

二、日子就是慢慢地过

冬日的八里畈格外的清冷，历经了 5 日的连续停电后，学校决定在周末给学生放假，让大家多取一些御寒的衣物来。寒冷的天气让小镇的水站也不堪重负，每日只能供水 2 个小时。镇上的居民习惯冬天的时候去水井取水，乡间的妇女单手都可以把盛满的水桶拉出井口，而我就是双臂用力也只能拉上大半桶，还要在运回学校的路上浪费不少。

乡下的夜晚格外的静谧，过了 7 点半，整个小镇就只剩下学校教室还灯火通明。我习惯了在这里仰望星空，在北京的生活只会让人低头看路，而忽略抬头看天。这里的星空让你体验到所谓的"璀璨"，那是一种充盈满眼的跃动，让你心灵平静的力量，让你想跃进其中的冲动，让你如伊卡洛斯绑上羽毛翅膀飞升的时刻。

日子就是这样慢慢地过。每周 16 节的大课，每周 8 节的晚自习。逢阴历十五开在镇上的大集，不会精细分割、价格都一样的卖肉摊，每月难得的两天假期。渐渐临近清明待采的茶山，"十二·九"活动时学生们排成几列开始唱《十送红军》。新年联欢会上学生羞怯地敲门邀请老师去参加，宿舍里翻身时嘎吱作响的木床，冬季里似乎总也晾不干的秋裤，质量总也不过关的"热得快"战胜了

质量同样不过关的暖水壶。镇口的邮政网点能收到来信和母校按月打来的生活费，能否吃到 1 块 5 角钱一碗的热干面和 2 块钱一袋的馒头要看老板的心情。正月十五从早上 4 点直到午夜仍在奏响的鞭炮，回家的人儿那重重的背囊里放的可能还是离开时的行李。

八里畈的日子并未与北京的生活有什么不同，都是一样的慢慢地过，看的是同一轮明月，而吹的是茶山上带着清新的风。

三、你要走，我留不住你

班里有个男生很爱写诗，文笔生涩，但意象却美得出奇，从未走出大山的他，笔下的大海和风帆却是那样动人。每当他犹豫再三拿给我看的时候，总是低着头，双脚不由自主地摆来摆去，我不知道该说什么才能对得起他的信任和慷慨。我的水平不足以评判那真挚的文字，我只是他生命中的一个过客，勉强充做他作品的评判人，我将离开，他留不住我。

班里有个女生，很爱笑。问她最想做什么，说最想做《洪兴十三妹》里那样的大姐大。我问她为什么，她继续笑，轻推同座的女孩让其代答。于是笑传染了整个教室，没人告诉我正确的答案，也许在他们的心中，有情有义，潇洒自由是远比出门打工的眼前现实更具有吸引力的东西。我不知道在这种时刻，是尊重他们的梦想，不去打破，还是告诉他们电影里都是骗人的，抑或是把司法解释里认定"黑社会性质犯罪"的条款给她解释一下。我只是笑笑，违心而不付代价地告诉她，赶紧把这个想法扔到后面的茶山里去，我英武的人民公安不会放过任何一个坏蛋。他们接着笑开了，我将离开，他们留不住我。

教导主任请我喝酒，他有着黝黑的面庞和坚毅的眼神。他是个好人，有一个可爱的女儿。每每在值夜班的时候，好客地邀请我一起吃饭。他会讲起自己上学时的种种经历，会讲起来到这所学校的机缘巧合。会在训某个学生的时候，爆出一两句当地的土话脏话，然后又会在某个学生拿不出饭票的时候，塞给他 10 块钱。他符合了我之前一切对于乡村中可爱老师的想象——朴实又不失严厉，充满了正能量又不会空喊口号。他知道自己做的很多工作可能并不是那么有意义，但是他一直在做。我喜欢和他一起说话的状态，但我将离开，他也不会留我。

感恩这在山里生活的日子，感恩跟我共同度过一年时光的支教团里的三位美丽的仙女。那些大山里朴实的人儿我终将铭记，他们代表着幽默、乐观、勤劳、生生不息的乡土中国。

两岸学子心灵的共鸣

——记"第三届海峡两岸知识竞赛"

徐子胜*

序　言

一个阴天的下午，正在开会的我突然接到一条小师妹发来的消息，我的母校中国政法大学开展了主题为"政法往事，邀你一起来回忆"的征文活动。一个中年男人近乎干涸的青春记忆仿佛一下子又被激活，我摇了摇保温杯中泡得褪色的枸杞，脑海当中又浮现出十几年前军都山下的种种，心情时而激荡、时而低沉，久久不能平静。

人生当中最美好的四年，值得回忆的事情太多太多。有朝夕相处、"同居"四年的室友；有辩论队里一起铿锵赛场的队友；有五号楼值班室"虎视眈眈"的阿姨；有运动会赛场上激昂的对手；更有来不及说出道歉的青涩初恋。

还记得新生报到的那一天，我小心翼翼地注视着校园的一切，因为不知道未来的四年自己在这片神奇的土地上会有怎样的经历。来自五湖四海的同学，浩瀚无边的书海，特色各异的社团，还有东门外的蜀园，属于法大学子的画卷虽然篇幅不大，但是色彩一定是

＊　2003 级，现任职于中国石油天然气集团公司长庆油田分公司。

艳丽的。

转眼间，宿舍窗外的柳树四度枯荣，还没来得及完全褪去青涩，就要和母校说再见。于是，我们醉了，因为青春需要激荡；我们哭了，因为对彼此有不舍；我们笑了，有着无限可能的未来正向我们招手；我们走了，去开创各自人生新的纪元。

回忆万千，说不完，道不尽，更多的心情无法言说。就挑一件事回忆一下吧。

2004年寒假结束，北京刚刚迎来小阳春。校会接到通知，中央电视台准备举办"第三届海峡两岸知识竞赛"，请我校派队参赛。我和其他两位同学受组织委派，准备代表政法大学参赛。当我拿到有四本民法典那么厚的题库时，我惊呆了，题库不仅厚度惊人，而且字体是六号的，乍一看，如同一堆小蚂蚁整齐地排列在A4纸上。哦对了，题库只包含60%的竞赛题目。

在简短的分工后，我们仨开始与时间赛跑，因为距离比赛只有一个月的准备时间。天天保持期末复习的状态确实是一件苦差事，早出晚归不说，还不能耽误上课。于是，我们拿出干毛巾也要拧出两滴水的劲头来挤时间。功夫不负有心人，"第三届海峡两岸知识竞赛"的冠军属于中国政法大学。

翻出了珍藏多年的一篇手稿，那是在夺冠之后，《统一论坛》对于冠军队的约稿，现在看来，字字真情。读完之后，不由得佩服年轻时的自己，更对现在的自己充满同情和怜悯。岁月不仅带走了青春，连仅存的那点才情也要一并消弭了。

是为序。

徐子胜

2019年4月

于陕北

　　风吹落最后一片叶，北京又迎来了一个天高云淡的金秋。在这个收获的季节，我们作为中国政法大学的代表参加了"第三届海峡两岸知识竞赛"。在这次大赛中，我们不仅获得了冠军的殊荣，更收获了来自五湖四海、海峡两岸各个高校同学之间的深厚情谊。真诚的沟通让我们的心拉得更近。特别是和台湾同学的亲密接触和深入交流，更让我永生难忘。

　　说实话，我第一眼看见台湾同学时心情很微妙。我与他们素不相识，但却强烈地感受到他们就像我久别的兄弟姐妹一样。那一刻，我真切地感受到彼此心灵的共鸣。而与台湾同学接下来的两次亲密接触是在比赛场上，我们都在为了各自母校的光荣与梦想奋力拼搏、激烈角逐……事前听说，来自海峡对岸的台湾大学、台湾师范大学、台湾政治大学三支代表队是经过层层选拔脱颖而出的，过招之后更感到他们实力不凡，但这也激起了我们对最终胜利的渴望。因为我相信，为了参加这次比赛，我们中国政法大学的三名选手倾注的心血不比任何人少。在经历了三轮比赛的紧张和亢奋后，我们最终如愿以偿获得了冠军。但当比赛的帷幕缓缓落下后，当各代表队的队员热情相拥时，我才发现参与这次海峡两岸知识竞赛的意义早已超越了竞赛本身，那一刻，我们得到的不再是成败，而是两岸青年心与心之间零距离的亲密接触。

　　就在决赛的第二天，各队选手在中央电视台组织下同游颐和园和八达岭长城。在中国这座最大的皇家园林中，在巍峨绵亘的万里长城上，我们与台湾的同学共同感受着中华民族历史的那份古老、那份沧桑、那份同宗同源的炎黄情节。

　　在微波荡漾的昆明湖，在洒满阳光的万寿山，在美不胜收的长廊，我们和台湾的同学共同感受着一切，并且把这一切都镌刻在胸中的中国心上。期间，我们兴致勃勃地向台湾同学介绍祖国大陆尤其是首都北京的巨大变化。在当晚的夜游长安街活动中，台湾的同学和我们又一次共同感受到了中华民族的伟大复兴。在那宏伟的天安门广场上，在庄严肃穆的人民英雄纪念碑前，我们亲密合影，陶醉在北京的美丽夜色中。那天的重头戏是爬长城，可能是由于台湾同学没有到过长城，所以当雄伟的长城在两山之间刚露出冰山一角的时候，他们显得异常兴奋，而这份热烈和激情也深深感染着周围的每一位同学，那是一种终于得见后的欣喜，是一种漫长等待后心灵深处的颤动，更是一份浓浓的化不开的乡愁。在长城上，在这人类文明的奇迹上，两岸大学生纵情欢呼，纵情呐喊，尽情拥抱长城的一砖一瓦，呼吸着迎面吹来的每一缕山风，享受长城上的暖暖秋阳。

也许是童心未泯，我们两岸同学在地铁站候车的时候交流了很多游戏，其中有些不乏幼稚，招来了许多路人不解而又羡慕的目光，但我们这些来自海峡两岸的青年学子们依旧纵情欢笑，因为在那一刻，我们之间不再有一湾浅浅的海峡，我们是如此真实地在一起嬉笑，在一起玩耍，也许这一次相遇应该在多年前就已经发生。我们带着亢奋的心情回到了宾馆，也带着各自美好的回忆进入了梦乡。在梦里，美好的一切仍在继续。

转眼间，两岸学子朝夕相处的日子就要结束了，到了我们要彼此分离的时刻。大家怀着异样的心情共进了分别前的午餐。我们帮着台湾的同学把行李搬上了机场大巴，那一刻，我突然觉得有些手足无措，因为我是多么不想让他们离去，我们短暂而又珍贵的相会是多么的珍贵却又无法再延续。我们只能紧握着对方颤抖的双手，热情地相拥，滚烫的泪水从彼此的眼眶中夺出，"执手相看泪眼，竟无语凝噎"，我们多么希望时间就在那一刻凝固，我们无需再分离，我们还继续那充满童真的游戏，我们还相约共攀长城，只要我们不再分离。我们相约：明年的今日我们依旧相聚在中央电视台，依旧相聚在海峡两岸知识竞赛，也许我们不再有机会参赛，但我们的学弟学妹们会沿着我们开创的足迹继续这份天长地久的友谊，继续这段永远割不断的血脉。

在回学校的途中，我默默地祝福着海峡两岸的莘莘学子，祝愿他们学业有成，更祝福我们伟大的祖国更加繁荣昌盛！

2004 年 5 月

于北京

匆匆那年，又见法大

李玥斌 *

2016 年 11 月 23 日，北京，德胜门，我重新坐上熟悉的 345 快公交车，回到阔别 9 年的母校。昌平的初冬已渐萧索，车窗外一幕幕熟悉而又陌生的景色从眼前闪过，但此时已没有了当年的青涩和懵懂，没有了第一次到母校报到时一路怀揣着的向往和激动，还有错过迎新、误上黑车给了 120 元打车费的心疼……法大是什么？是法治天下的梦想？还是学习生活了四年的母校？还是只是人生一段的经历和回忆？法大变了吗？我满脑海都是熟悉的"北京市昌平区府学路 27 号"以及一串镌刻终身的数字"2003501179"，直到重新跨进中国政法大学的校门。

有幸毕业接近十年之后，以法大基层校友的身份回到母校参加"RONG 聚法大"的活动。当我踏入那扇门的时候，发现时隔近十年，有的东西居然还没变。依旧是小小的军都服务楼承载了上万师生的日常生活需求；依旧是熟悉的烧鱼丸和砖头饭，绕学校步行一圈仍然不会感到任何疲累。（虽然我窃以为主要归功于我那段时间的减肥。）

---

* 2003 级，现任职于北京隆安（成都）律师事务所合伙人。

下午两三小时漫步校园，法大十年，有我意想不到的变化。

首先，1、2、3、4号这些宿舍楼改换成了梅兰竹菊这样诗意的名字。对我个人来说，回到4317是不可能了，以前可以问问大爷是否同意，现在得问大妈了。读书时五五开的男女比例变成了女七男三，真羡慕现在的师弟们！

宿舍和教室里有了空调。不大的校园里，又多了新的国际交流中心大楼，里面还有法大四川校友给母校的纪念。

另外，以前就只有普通教室的 E 座，现在有了全国的法院、检察院、公安和司法鉴定的卷宗阅览室。经过时我也还看到很多师弟师妹在认真地借阅卷宗，享受着比我们那时更好的学习条件。

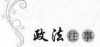

政法往事

师弟师妹们也有了如此逼真、仪式感强的模拟法庭，而不像我们当初就在环阶里摆几个纸做的名牌。说句实在话，这个模拟法庭的设施条件，超过了我去过的80%以上的真实法庭。

之后我慢慢地发现，礼堂、阶梯教室、图书馆……虽然装修和陈设更新过，但是弥漫在这里的求学氛围还是一样的。

和我们那时一样，一样的长龙排队，一样的占座贴条，一样争

144

辩得面红耳赤，一样的围堵"天皇巨星"，一样的老师的慷慨激昂和同学认真思索的目光。

　　那时的我也是其中的一员，和他们一样，在天没亮的冬天清晨早起冲到图书馆占座；挤在讲台旁边的小板凳上听喜爱的教授讲课，还不忘打开 mp3 给没占到座的同学录音；也曾在"法的应然和实然""实证主义法学与自然主义法学"这样的晦涩名词被老师抛出后突然拧紧了思索的眉头。此去经年，不变的是法大浓郁的学风，变化的是自己，从一个一无所知的法学生，变成了也可以将请求权基

础分析法运用于为当事人捍卫合法权益的律师。犹记法律逻辑课上，教授举了河南李慧娟法官依法判决但却被开除法官资格的例子，正是这堂课，使我明白，即使是为了公平正义，也不能一味地蛮干苦干。光有法治理想和法治理念还远远不够，实现法治目标还需要技巧和方法。律师职业，既需要法学家的素养，也需要政治家的立场；既需要诗人的激情，也需要哲人的智慧。

当然，当时的自己还是对法大这小小的校园中蕴含的大大的哲理体会不够深刻，不然也就会早做头发保养了。

如今再回法大校园，我看着学弟学妹青春洋溢的脸庞，看着他们穿梭在母校的各个角落，也许当年的我和他们一样，不曾静下来体会校园的哲理，随着毕业的时钟敲响，我们和母校顿时天各一方。曾经并肩学习的校友，就像被风吹散的蒲公英一样，散落在四面八方和海角天涯，顷刻间，我们便在人流中走散，各自赶赴于匆忙的路上。但是在很多人心中，有一种记挂太过于敬畏，以至于不想随意向他人提及，但那种刻骨的牵扯，会言不由衷地闯入你内心最柔软、最敏感的地方，并魂牵梦萦地出现在脑海。这就是母校，这就是我心中一直不变的法大。

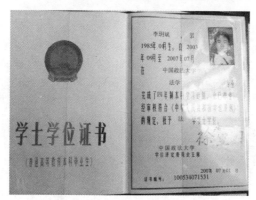

法大没变，依旧是小小的校园，拥挤的课堂；依旧是只用手枪就可以为中央领导视察提供安保的地方。

法大变了，法大从不为太多人所知的第二批 211 大学变身为中国唯二的 A+法学专业的一流学校。在这里学习的莘莘学子，逐渐能够享受到更好的软件和硬件设施。

　　其实法大还是没变，正如徐显明校长在 2007 年毕业致辞中所
说："一所受尊敬的大学的要素不在于他的校舍和拥有的学生数量，
而在于他拥有的一代代堪称典范的教师。" 也如 2007 年毕业致辞时
王涌教授所说："法大的精神永远都充满了一种桀骜不驯的活力，一
种击破事物本质的力量！"

　　世界上没有完美无缺的大学，在生活与教师的不可兼得中我们选择什么？我们都不会去选择生活，我们会义无反顾地选择教师，优秀的教师代表着大学精神。政法大学的精神是我校狭小的校园所承载不了的！

　　法大的精神一直都没变，"厚德明法"教会了我们常怀"恻隐之心""敬畏之心"，对人要有恻隐敬畏，对法律要有恻隐敬畏，对社会要有恻隐敬畏。而"格物致公"告诉了我们法大人永远不变的

历史使命，就是"推动国家的政治进步，推动社会的法治昌明"。

也许我们每个人的力量有限，但是"凡我在处，便是法大"，法大精神，耀我前行。也许回忆往事，大学生活的种种不再清晰，但法大的风骨会流淌在我的血液里。

当年我们曾在军都山下立过誓言，"挥法律之利剑，持正义之天平"。如今我们可能只是从事着一份平凡的工作，却默默地为国家法治建设尽一份微薄的力量。我们曾经的澎湃激情可能已经被岁月蹉跎得世故、油腻，纵使青春容颜不在，但法大精神依然长留心间。

青春，勇往
——回忆"晓梦有约"

黄晓梦*

我，于2004年考入法大法学院，此刻提笔时，从毕业至今也有11年了。收到小师妹约稿邀请的这一周，我会有意无意地回想本科四年的法大时光，虽然一些细节片段确实很模糊了，但不管记忆的清晰度怎样，它的质感却始终是温暖的，记忆里仿佛总有可爱的小气泡，在阳光下折射出一片五彩斑斓。这可能，就是青春的色彩。

大学期间，和其他同学相比，由于性格原因，我比较热衷于与人交往和参加活动。大一时，各种社团纳新，我报名并入选了法学院学委会和准律师协会，一个是官方学生组织，一个算是当时学校最大的民间社团。参加社团组织，让我有平台认识有趣的人，做想做的事。

大二那年，我当上了学委会新闻传媒中心的部长，就开始琢磨着做点不一样的事。虽然身在法学院，其实从小有一颗做主持人的心，高考填志愿时本想报中国传媒大学，却不知怎的在爸妈的建议下"鬼使神差"地填了法大。都说念念不忘，必有回响，果然，上了大学我就"情不自禁"冒出了一个想法，自己给自己圆主持梦，打造一个现场访谈活动，嗯，就叫"晓梦有约"吧，主持人呢就自己吧。那时啊，我还真是有股"初生牛犊不怕虎"的闯劲，从一开

* 2004级，现任职于苏州市人民检察院。

始就把目标定为校级品牌活动，访谈嘉宾锁定为同学们最喜欢和最想了解的名师，并以"讲述成长故事、沉淀生命智慧、指引人生之路"为栏目宗旨。

举办活动，经费是需要首先解决的问题。为了对得起自己"高大上"的市场定位，在赞助商选择上我也是有些"傲骨"的。我看上了单位附近的一家咖啡店，连续好几个晚上抱着笔记本去谈判，后来终于拿下了赞助，据说这事在"沧海云帆"校园论坛上有人点名表扬，因为这家咖啡店女老板真的非常难谈，"晓梦有约"也算在上百家社团活动中突出重围。有了经费就可以想想怎么做品牌和营销了，我找人专门设计栏目 logo 和活动海报，每期会订制纪念书签，上面印有老师签名和赠语，节目现场都有特别布置，甚至还给自己购置了主持服装。在内容准备上，第一期节目我选择了获评"最受学生欢迎教师"的时建中老师，自己联系约好访谈嘉宾，搜集嘉宾信息，策划访谈问题，深度挖掘老师讲台之外的生活面。那时，我体会到创业的兴奋感，带着部门里的几位学弟学妹边摸索边尝试。幸运的是，法学院学生会的老师和同学们给了我无条件地支持和信任，让我可以放手去做。

心有多大，舞台就有多大，此话不假。后来的几期，我成功访谈到了当时的法学院院长马怀德老师和法大传奇江平老师，甚至还去江老师家做客拜访。借着嘉宾的影响力，"晓梦有约"也逐渐扩大了知名度，成为大家乐于参与的校园活动。而这个过程中，我得到了很多人的帮助，有一位学弟设计的海报超级漂亮，每次的现场技术支持让人放心，杨沁鑫同学使用绘声绘影软件帮助制作的开场视频堪称专业，陈金波同学总能找到老师联系方式并提供摄影支持，还有我的部员们，个个聪明伶俐、周到能干……

到了大三下学期，我开始考虑从节目中抽身，那么一手创办的"晓梦有约"何去何从呢？为了让这个活动可以被传承，我主动建议去掉个人标签，改名为"倾听"，并把它交给了最喜爱和信任的部员王研蓉。欣慰的是，据说"倾听"后来在学弟学妹的手中发展为礼堂级别的访谈活动，获得马怀德院长亲笔题名，先后访谈过鞠萍、龚琳娜、濮存昕、张晋藩、孙先红等名人名师，一直延续了很多年。

洋洋洒洒写了这么多，其实这还是毕业之后我第一次详细地回忆"晓梦有约"的过往。那时的我，肯定是青涩的，不论是组织活动还是主持节目都有很多欠缺，所幸大学校园本就是最宽容的舞台，它允许你尝试，允许你失败，允许你张扬，允许你去闯。我很感谢那时的自己，敢想敢做，不负时光，给自己也给大家留下了一点美好的念想和回忆。这段经历刻在我的生命里，也许某一天也会有它的回响。

充满感恩的写下这些，特别想和此时校园里的学弟学妹们共勉，愿你的青春气贯长虹、天真无畏，愿我的青春锐气不减，依然勇往。

2019 年 5 月 23 日
于苏州

似水流年

张 凝[*]

    2019 年，参加工作的第 10 个年头，那日无意中翻起 15 年前的照片，那时候我 116 斤，如今我 161 斤。当有人问起时，我只能拿公斤来显示我的体重还未过百，就像王小波笔下被锤了的牛，渐渐开始适应。

    2004 年，我能记得的事应该是：一是在雅典我记住了一个叫刘翔的小伙，但四年后，他在北京给我的印象更加深刻；二是在北京我记住了郝海东血染工体，尽管中国足球就再也没有出过这么牛的前锋；三是在里斯本 C 罗刚刚出道，但黄金一代还是败在了希腊"这斯那斯"的脚下，后来的 C 罗却越来越强，最终还是征服了德劳内杯。

    哦，对了，还有一件最重要的事情，那就是我高中毕业了。当我从班主任手里拿回志愿，下定决心将南京大学改成中国政法大学之后，我骗我妈说，你就当我去首都见见世面，反正就四年时间，没成想，这个谎后来变成了六年。

    从 T32 下车走向北京站广场的那一刻，我拖着大包小包的行李，仿佛与万千来北京逐梦的北漂并无多大的区别。他们的梦想或许是大明星、高级金领、大企业家……而我却要努力成为别人口中，四年后的大律师、大法官或者大检察官。直到搭乘的那辆捷达驶上了

    * 2004 级，现任职于浙江省嘉兴市司法局。

八达岭高速一路向北，在沙河服务区司机买了根冰棍儿，最后又开了近半个小时才到学校的时候，我才发现我被现实狠狠打了个耳光，在距离市中心近一个小时车程，在这不足二百亩的地方，我竟然要度过四年，而那次打车也花了我整整100块钱。彼时，我并不知道从北京站坐二号线到积水潭，然后换成345或者919能直接到学校门口，不用公交卡，也只需要6块钱。

那时接我的高中校友师兄和我说，这里是一个适合学东西的地方，依山傍水。昌平因政法而起，主楼曾是昌平的第一高楼。每个周末的美廉美，你会遇到一大堆认识的同学。当然，师兄和我说的只是概况，后期好多的"不良"还是要靠自己摸索。

开学典礼浩浩荡荡的几千号人，在礼堂里。具体情形我已记不清，只是记得每人发了张红色的小卡片，上面用正楷印着：

"当我步入神圣政法学府之时
谨庄严宣誓：
我自愿献身政法事业
热爱祖国 忠于人民
严于律己 尊师守纪
勤奋学习 求实创新
团结互助 全面发展
挥法律之利剑 持正义之天平
除人间之邪恶 守政法之圣洁
积人文之底蕴 昌法治之文明
为社会主义建设和人类的进步事业奋斗终身！"

开学典礼后，我还没来得及去东门外的"堕落一条街"堕落一把，便背着铺盖卷儿去了南口的坦克装甲团，与现在的八达岭军训基地不同的是，那是真正的部队。七天唯一一次洗澡的机会，因为我们没有准时下楼而化为乌有，这让我第一次体会到了从无到有，

再从有到无的过程。在每天吹着黄沙啃着土的日子里，最令人激动的时候是晚上的拉歌，那声嘶力竭的荷尔蒙发泄的是我们无处安放的青春。军训留给了我们两个有价值的东西：一是大学以来的第一个学分算是拿到了；二是比如某某和某某在军训期间对上眼了或者某某军训结束后还在和教官联系这样的故事。

真正学习的开始，应该是从认识某个人名字开始。上课的教室总是有意无意地发现被一个叫"李某某"的大神学霸所占座，而且一占差不多就是一个教室。他那种像干海绵吸水的求知精神，不断地在大一新生中传开，后来才知道原来是位老师……再后来，知道占座在这座不大的校园里，是一个优良的传统，比如你一早五点起来，看看法渊阁门口拎暖壶的同学就知道了。

但对于占座这种事情，我是不屑的，因为我那会儿有幸被分到了校外豪华四人间的 9 号楼，那种上面是床下面是写字台的待遇让无数校内的同学羡慕不已。我多数的时候，在这不大的空间里看了剧、码了字、打了游戏……偶尔还能听见军都山畔的鸟鸣，听见山下铁路上火车的汽笛声。

住在 9 号楼最大好处就是穿着拖鞋睡衣就能下楼买鸡蛋灌饼、炒米线、臭豆腐……可以睡到自然醒去吃渝满贯的煎包，中午去京表市场吃三块钱一份的腊肠炒饭，晚上去萨拉人家或者马家拉面撸上二十块钱的串，喝一块五一瓶的燕京……当然，我后面两年对于一食堂旁的肉末豆腐盖浇饭、服务楼的老干妈炒饭或者是葱花跑蛋配老干妈情有独钟。我至今依然能回忆起蜀园进门的那一股子味道，福华肥牛在冬日里的蒸汽氤氲以及麦当劳巷子里士林鸡排卤肉饭配奶茶后打饱嗝的满足感。当然好多人可能不知道，某个夏夜在 5 号楼门口的那块空地上，还有人经营过夜宵，啤酒烤串加小龙虾……

这间的觥筹交错，有的是和宿舍、班级的兄弟姐妹，喝多了谈理想谈人生，比如我们浙鄂会馆的三个兄弟，在大厨房干掉了二斤泸州老窖和十瓶啤酒；有的是和社团的兄弟姐妹，比如在小月之国，我知道了什么叫"深水炸弹"和"高山流水";有的是和老乡师兄弟,比如在毛家湘菜,我和师兄一直从下午5点喝到了晚上11点。

当然,那时候除了一帮现实的朋友,还有一帮网上的。十多年前,QQ相当于现在的微信,QQ空间花头比现在的朋友圈更浓。而更多的大神混迹的是BBS。不得不回忆的是当年法大的非官方BBS——沧海云帆,那里往往有比官方更快速的小道消息。没几年以后,法大开了官论,好像叫花开,现在也不知道怎么样了。再后来,沧海架不住各种压力,还是倒闭了,虽然有人曾经试图重新建立起来,但还是没有落实,可惜了我发的那么多帖子。但我知道,当年混迹沧海的那帮老人,现在依然会没完没了地在某个微信群里吹牛。有的人从未见面,但相识十多年;有的人成了线下的好友;有的人在生活中还走到了一起。

我自认交友甚多,但遗憾的是未曾有过一段值得回味的校园爱情。好多人认为在这个男女比例接近1∶2的学校里,这是一件很不可思议的事情。但实际是有50%的人还真是和我有一样的经历。2008年,我哭着送走一大帮一别再无相见的兄弟姐妹。2010年,我没有哭,笑着怀念我们曾经共有的美好。2014年,我带老婆回学校的时候,还是第一次拉着异性走过才几十秒就能走完的宪法大道。而我只能和她说:那时,端升楼,"厚德明法,格物致公"楼还有更简单的名字,叫ABCDE段;那时,梅兰竹菊宿舍还被编成1~11号楼,其中9号楼分A、B两端,而且是在校外的;那时,西关那边还有个狗不理包子店,但我从没去过;那时,阳光旁边就是全聚德;那时,十三陵水库的大坝还能走上去……

每每在江南十里绵长的烟波浩渺里,我总能想起那些年,莽山的树、水库的水以及在昌平纵横交错的巷子里穿过的岁月。那些年,我从未觉得自己牛,现在回想,我最牛的岁月就是在学校,虽然我极不情愿地在别人勉强介绍自己时说我来自中政大,因为我喜欢叫它法大。但现实就是一把巨大的枷锁,无论你本领再高再强,想想

孙悟空打得过十万天兵天将，最终还是逃不过佛祖的五指山，最后还得带上金箍乖乖去西天取经。

2019 年 1 月 4 日，最后一趟 T32 列车从杭州城站火车站发车，火车渐行，伴随着人事景物的倒退，那一刻，我仿佛又回到了 2004 年那个夏天的某一天，我带着一个大行李箱，登上了北上的列车，去寻找我的青春……那是我的流年似水，也是我的似水六年……

附录：法渊阁记

公元 2008 年暮秋，显明调离政法院。历七载，法通人和，百废俱兴。乃重修法渊阁，增其旧制，刻古语外文法字于其上。予作文以记之。

予观夫政法胜状，于昌平之心。衔军都，吞水库，小巧精悍，座落有致。朝五晚九，占座万千。此则法渊阁之大观也，前人之述备矣。然则北通十三岭，南极紫禁城，法人政客，多会于此，子上之心，得无异乎？

若夫黄沙漫天，连月不开，西风怒号，浊浪排空。主楼隐曜，阶教潜形。师生不行，树倾叶摧，薄暮冥冥，车滞人停。登斯阁也，则有失业怀乡，忧食畏眠，满目萧然，感极而悲者矣。

至若春和景明，鸟语花香，春光美色，应接不暇，俊少翔集，妖娆穿行，书生意气，挥斥方遒。而或星光璀璨，皓月千里，蜀园觥筹，利来放歌；情谊绵绵，此乐何极！登斯阁也，则有心旷神怡，宠辱偕忘，把酒临风，其喜洋洋者矣。

嗟夫，予尝求法律人之心，或异二者之为，何哉？不以分喜，不以钱悲。居学历之高，则忧其业，处收入之低，则忧其生。是进亦忧，退亦忧。然则何时而乐耶？其必曰"先法治之忧而忧，后法治之乐而乐"欤！噫！微斯人，吾谁与归？

时戊子年十月廿五日小雪夜
于兰4浙鄂会馆

又见她万千风华

杨燕萍[*]

杨燕萍[*]

　　南方的盛夏，榴香四溢，此时收到母校的约稿函，想想今年已是毕业十周年，拿出久已尘封的相册，集中而来的那些美好、那些精彩、那些回忆像一部长篇的回忆录，让我不知道该从哪一页翻起。作为在军都山下那不足三百亩校园里成长的普通一员，我的回忆断然代表不了什么，且作为这平凡的一员，再温习一下她的美。

　　与法大的结缘，得从当年高考填报志愿说起。当时，父亲坚持让我读医，说来好笑，父亲拗不过我，就带我去当地有名的庙里抽签，连抽三签，父亲没办法最后妥协于我，然后对我说"读法律，以后就靠你自己了"。收到法大录取通知书的那一刻，我翻来覆去地看了很久，心想这是自己从小到大做过的最勇敢而正确的决定。那年夏天，从未出过远门的我，启程了。父母和我坐了三十几个小时的火车到了向往的北京，又辗转七八个小时才到了学校。记得当时母亲一路念念叨叨略带埋怨，说会不会坐错车，还是录取被骗了。最终到达门口看到"中国政法大学"赫然几个大字时，才真正放下心来。

　　来自农村的我，其实在很小的时候，见过太多乡村邻里欺软怕硬的纠纷，匡扶正义的种子早已悄悄埋在心里。进入法大，班上同学都是来自五湖四海的学校里的尖子生，而农村高中填鸭式的教学

---

　　* 2005 级，现任职于晋江市人民法院。

一下子暴露了缺陷，英语口语是最大的短板。自那时起，法渊阁、C
段环阶就是我最常的去处。而法学课程的学习，现在回想起来也是
不可思议。从法理学开始的每一门课程，我几乎都听至少两个老师
的课，蹭课蹭成习惯了。当时写得密密麻麻的课堂笔记，至今还保
存在家里，时而翻阅，还能找到那时自己孜孜不倦的影子。当时很
多同学问我重复听两遍民法不会浪费时间吗，可是我觉得法大的老
师们讲课风格迥异，引经据典不一，虽已过去多年，我仍记得听过
课的每个老师的名字，记得朱庆育老师的任督二脉和猪肉炖粉条，
记得田宏杰老师讲述如何逻辑推理按顺序记下全部刑法条文，记得
舒国滢老师上法理课点名提问到我时的忐忑，记得时建中老师那恢
宏大气的商法课堂，记得洪道德老师分析得鞭辟入里的刑诉理论。
我们像众星拱月一圈圈地围着老师，虽然很闷热，经常饥肠辘辘，
但是大家仍毫无倦意。若说老师们挥汗如雨或经常错过班车，是源
于那"得天下英才而教之"的无限荣光，而我们的勤奋和坚韧，应
该就是法大人对法律坚守的那种情怀最初的萌动。

　　法大的大师在京城是出了名的，也正是"所谓大学者，非谓有
大楼之谓也，有大师之谓也"。在这样得天独厚的条件下，我的大学
四年大部分时间除了泡在书里，就是追名师讲座和追名师课堂。为
与大师近距离接触，大家可是使尽浑身解数，最主要的手段当然就
是占座了。那几年法大的占座真是一道亮丽的风景线，占座是每个
人一天的大事。记得有一年冬天下大雪，凌晨五点半起来我穿着睡
衣裹上羽绒服拿起一摞书跑到宿舍门口，楼管阿姨门前已黑压压一
片，到点门一开，"哗"大家百米冲刺般奔向图书馆，我不慎摔倒在
地上，来不及感觉疼痛爬起来再追向占座大军，目睹图书馆门框被
挤坏的奇观，悻悻占座后听着管事大爷生气地数落，才发现自己膝
盖已经瘀青。简陋的教学环境和求知若渴的法大学子形成强烈的对
比，可这样的法大，值得我们每个人回忆她、怀念她、赞美她。

　　求学的日子，很多难以忘怀的，还有生活。来自南方的我有很

多的不习惯，不习惯澡堂、不习惯冬天静电、不习惯清汤寡水，可如今在四季如春的地方待惯了，会想起法大的春天，校园里飘满柳絮，三四月花开时节，各个社团、班级气氛活跃，昌平大军也利用周末进城赏花游玩，好不热闹。到了夏天，十三陵的樱桃下市到枣子稍微挂了红色，军都山下的水果摊也开始可爱起来，怕胖的女同学拎根黄瓜、西红柿就上自习去了，回到宿舍，四五个人拿着小勺围着半个西瓜一人一口，夏日的凉爽伴着欢声笑语，透到心底。而我，习惯早早跑一圈操场，打上一壶水，夹着书本来到教学楼后面的小石凳晨读，顺便看身旁闪着露珠的草儿泛出好看的颜色。当层层的黄叶铺满宪法大道，落在图书馆的窗台上，秋天便到了。此时的银杏、枫叶美得不可收拾。必须踩着落叶，听着自在的音乐，才算是过足了秋天。入冬后，来自南方的学生，就盼着来一场皑皑大雪，然后毫不犹豫地用双手接住雪花，再把发热的脸颊，埋进柔软的积雪里，好好致敬这北方的仪式。那四年生活里随处遍布的微小圆满，可以遇到，可以怀抱，可以安住。

小小的法大，让人满足。

在法大，一个让人幸运的，是入学随机分到法学院。这是一支不可战胜的力量！这个大集体强大的凝聚力和向心力，在我加入学生会之后感受更多。那时的森林工作室（隶属法学院学生会），云集书法大咖、神笔马良、设计精英、动漫专家、摄影能手，笔墨纸砚在大家面前就像一顿顿十全十美的大餐，饕餮难忍。大家每天一有时间就往行政楼的地下室跑，窝在地下室内埋头画啊写啊，那时候革命战斗出来的友谊，至今还能想象出那种豪迈。而这样浓烈的情感，还包含一种骄傲，每次"森林制作"的海报一问世，暂且不说气动云霄、魄扬万里，食堂门口早已水泄不通、赞不绝口。现在真的感慨那时候的森林已经可以用很小的笔触，画空气里的光和影；那时候的森林能画出法学院不一样的风貌和气质。

看，这里的每一份海报，你们闻到了什么？我仿佛听到"法学

院，英雄"的呼号和振聋发聩的战鼓声。"十届轮回，王者回归。赛场折桂，舍我其谁。竞技场上，凡有比赛皆三甲，活动月中，七项赛事五夺魁。正其名而归其位，剑出鞘而扬其眉。晨昏苦练，尽显男儿本色，夙兴夜寐，巾帼不让须眉。重执牛耳，复体坛盟主之威名，秣马厉兵，待功成盛宴之欢庆。拆破玉笼飞彩凤，顿开金锁走蛟龙。想过去卧薪尝胆求鲲鹏之变，岁月兮，倥偬；看今朝君临天下圆鸿鹄之梦，法学院，英雄。"

那时候的我们，热烈，天真，意气。

豪情未尽人不歇，勇立潮头踏歌行。当一切落幕，还有一种精神的珍宝在熠熠闪光。离开母校多年，我从来没有忘记心中的法律梦，没有忘记校园东北角松柏林中那块"法治天下"的石碑。在工作之余我努力倡导公益普法，创设微信公众号致力于零基础普法，我努力保持清醒，坚守着法律最初的模样。这样的坚持，是因为法大的精神，至今仍是我当下的力量。

末了，想起王泽鉴老先生说过"愿每一位法律人都能有清洁的心，正直的灵，走义人的路，为法律而奋斗"，借以怀念大家在一起的岁月，怀念我们深爱的法大。

心之所驻，路之所往

——记无敌法九之十年重聚

〰️〰️〰️

刘征宇[*]

　　"无敌法九"之称谓，起源于大一期间的新生杯足球赛。那时起，无论是奔跑在绿茵场上，还是呐喊在横幅下；无论是埋头在书案，还是环视于众生；无论是行走于浊世红尘，还是奔波于案牍卷宗……这个称谓都成为我们2005级法九的专属，这个称谓记录了我们的团结凝聚的青春，记录了我们在法大的人生体验，也在我们各自体悟了数年离校经历之后，成为我们碰杯喊出的无悔和祝愿。让我们在多年以后，在任何人面前说起法九，都可以说："之所以法九无敌，是因为我们一直握紧彼此的手，念着彼此的祝福和关心，无论聚散，那凝聚力，从未消泯……"

纪　念

　　为了这次十年聚会，班级在一个同学的提议下自行设计了一套卡通形象扑克。班上共有46人，每个人的卡通形象占用一个花色。剩下八张牌，其中大王为法鼎，红字上书"挥法律之利剑，持正义之天平"，为入学誓词，象征着我们走进法大之初做出的承诺；小王为法镜，黑字上书"凡我在处，便是法大"，象征着我们走出法大之

---

[*]　2005级，现任职于共青团大庆市龙凤区委员会。

后的渊源、归属、使命、自省和执着。此为"鼎言镜心"。接下来选取了5、6、7、8、9五张牌，象征着我们从2005年到2009年在法大走过的春、夏、秋、冬：红桃5为校门和主楼，2005年我们从这里走入法大，接近了我们的梦想，也触碰了我们的理想，开始了我们不悔的青春记忆，所以她是"心"的色彩；红桃6为端升楼，师长的谆谆教导和人格魅力，为我们在眼前打开了明亮的一扇窗，我们的未来从此有了基调，所以她是"赤诚"；方块7是教室，我们可以为了一堂课、一场讲座去奔跑、去占座，只为了能更接近学术的殿堂，这些，是一生中都值得铭记的"财富"；梅花8是军都服务楼，这是我们校园生活的缩影，简单的美食，狭小却齐全的书店，灯下的不经意邂逅……这是我们雅致、简单、纯粹的花样记忆，她是"玉兰花"；黑桃9是图书馆，复习、毕业论文、毕业合影、阶前的歌唱，2009年对这里的记忆总是和毕业离别紧紧纠缠，所以她是"不舍"。还有一张红桃10是拓荒牛，这是集结的标志，也是我们相遇十年后再聚的信念，所以她是"聚首"。

除了扑克牌，大家还设计了一顶"玖"字班帽。黑底白字，浊世滔滔，你我都是负重前行的行者，无论你的肩上何等沉重，无论你的面前有何等迷惘，都请记得，这个"玖"字一直会是你路上的亮色！"唯有'王'者不屈，方有长长'玖'久"，愿你我共勉！

重　游

法大还是那么小，小到再加一点油门就能从南门溜出北门；法大还是那么有爱，走到哪个角落都会或是会心一笑，或是淡淡品味。主楼和主教学楼们换了新的外衣，原本新的木椅变得斑驳，可我相信师长的教诲还会继续传承，美好的故事还会继续兜兜转转。

我们路过、合影、回忆，试着找到那些曾经的印记，可是我们找到的只是点滴的记忆，方才明白，那印记，不在校园的任何一处，而是在我们毕业离开时就已经铭刻在我们的脊梁和内心当中了。

寻寻觅觅，求之不得，返求诸己。

酒 谈

"无论做什么，选择什么，都想一想，你要达到什么样的目标。"治国，我在你身上，看到了明辨。

"哪怕是让我去扫地，我也要扫出政法大学的样儿来！"红栓，我在你身上，看到了用心。

"法律人的幼稚，就是一直相信会有一个相对公平的规则。有一种幼稚，叫坚守。"燕萍，我在你的小甜品上，看到了执着。

"公正是法律人的羽毛，你不公正你就像抽掉自己的羽毛。"鲁洋，我在你身上，看到了纯粹。

法律于我们，有的是框架，有的是工具，有的是航筏，有的是舞台。法治于我们，却都是内心的坚守和准则，我们的理想，寄托于此，发端于此，酝酿于此，也该成就于此。

我们讲体制，内外有别。进入的，需要的是积淀和慎重；未进的，需要的是不懈和竞争；进入又走出的，需要的是转化和果决。我们有种种体悟，或是经验或是教训，或是经历或是见闻，这都是我们的财富，我们相互交流相互借鉴，也互相感慨互相激励。

我们讲公平正义。是坚持证据、法条、程序，还是衡量强势弱势、可操作性、社会影响。在这其中，我们的选择和立场又是什么，我们做出判断又是基于什么。

我们思辨。作为法官，治国会在职责权限内考虑判决的最终效果。作为仲裁员，鲁洋会尽量不过度干涉当事双方的意愿。赤诚之心的组织成员红栓，会忧心职业道德和伦理道德的两难选题。自称无信仰的晗晖，念念不忘的是社会大形势的资源配置和竞争公平。自封理想主义者的长林，口口声声的是对现实的反思和妥协。

而我们的核心，都是对法治的坚守，对正义的品悟，对人生的思索，以及我们是否能够、是否还在坚守我们的誓言和本心。

希　望

　　这十年来，从懵懂学子到为人父母，思考的方式和中心逐渐改变，看到婧文抱着乖巧可爱的圆圆，由衷地感慨母亲的伟大，抑或是兴致盎然地交流育儿心得。在这些 10 后小鲜肉身上，寄托了我们的期冀与希望，我们看到了生命和爱的延续，我们愿意把我们的一切付出在宝宝们身上，给他们我们所能给予的最好条件，我们希望宝宝们幸福、平安、喜悦。在这之上，我们所能传承给他们的，应该是我们所承续的品格和内质，那就是坚守所该坚守的执着、坚持所该坚持的信念、坚信所该坚信的正义、坚定所该坚定的意志，无悔、无愧、无畏，善良、睿智、从容……

　　前行吧！无论背负有多么沉重！

　　奔跑吧！无论身心有多么疲惫！

　　欢笑吧！无论前方有多么迷茫！

　　干杯吧！无论现实有多么委屈！

　　相念吧！无论空间有多么遥远！

　　相聚吧！无论时间有多么短暂！

　　头上的星空，该是你我共同的守望！

政法记忆中的几个关键词

郭丝露[*]

2006 年到 2011 年间，几乎每个周四的中午，12 点刚过我就会跑到服务楼旁的报刊亭门口，加入已排了三四人的队伍。我在等《南方周末》——那个年代法学生、老师们最推崇和尊重的一份报纸。

当时，那个留着短发在冷风中瑟瑟发抖排着队的我怎么会想到，几年后我会在这家报社供职超过 6 年，成为资深记者，带着新闻理想周游世界。

但我知道，在报纸运到时和其他同学一起蜂拥而上，闻着报纸散发出的油墨香气，一口气读完头版长长的稿件时那种酣畅淋漓的感觉，是一切故事的开端。

是的，法大是每一个军都山下学生事业、梦想和人生故事的开端。无论你是官员、学者、商人抑或家庭主妇……这件事情本身就已足够美妙。

公元 2019 年，距离我初入法大已过去整整 13 年。工作和家庭琐事缠身，上一次回到学校也已是 5 年前的事情了。

感谢时光的洗涤，现在我记忆中的母校恰恰是最"合适"的样子——从那里吸收到的思维方式正最大化应用在日常工作中，在那里结识并至今保持联络的师长与好友成为此生财富。连那些不那么

---

* 2006 级，现任职于中国发展研究基金会。

美好的回忆，也已成为值得正视、不时还能拿出来玩味的珍藏。

人类大脑的筛选机制成熟但却令人费解。我早已忘记某一门重要课程的知识点，却记得在一门选修课最后时老师开出的长长书单上的每一本书。我早就忘了自己的 GPA，却记得图书馆一楼自习室在午后阳光最浓烈时梧桐树叶漏下的形状。

2006 年是国家扩大招生后第 8 年。那一年中国政法大学作为少数按照各省人口比例招生的高校之一，受到北京之外的学生们的推崇。2006 年 9 月我正式入学，在法大度过了 5 年的真实岁月。

之所以用"真实"这个词，是因为此前学生们的生活大多太简单，目的性也太强，为了高考所让渡的关注路边小花和生活本身的机会，在大学期间得到了充分满足。因此，塑造人格和价值观，大学是不可回避的一环。

深藏在脑海中的各式记忆汹涌而出。正月里，男孩们花 5 块钱买双白色的工程手套，在黑兮兮的清晨扒开宿舍窗口的积雪，翻墙占座；考试季，我每天 5 点钟起床，在雪地中边走边背单词，因为太冷才不会瞌睡；那个时候没有以梅兰竹菊命名的宿舍楼，没有以厚德明法、格物致公命名的教学楼，只有毫不浪漫的 12345，ABCDE；没有"法大"，因为我们都自称"政法"。

对母校的感情是真挚的。毕业离校的那一天，我到一食堂一楼想吃上"最后"一碗牛肉面，无奈打面的姐姐已经下班，我坐在离开的车上，因为牛肉面心酸地几乎哭出了声……

我相信，无论承认与否，每个法大毕业生身上都带着这所学校的印记。大学生活里的几个闪烁的瞬间和其余一千多个普通日子里的所见所思所学所想一道，构成了你今后人生的基座。

所以，我们叫自己"法大人"。

在今年这个特别的年份，以一名普通"法大人"身份回忆自己的母校，我想有几个关键词或可与诸位分享。

批判性思维

初入法大的学生们大多亦步亦趋、小心翼翼，"乖孩子"占了多数。但一旦进入法大课堂，就又是另一番光景。刚入学时我曾很不理解，在法大课堂上老师们的规定动作——"批评"。

批评某一项政策的顶层设计，批评某个知名案子的判决书，甚至批评九号楼外卖鸡蛋灌饼和炒饼的价格设计……初时我将其定性为老师的不得志或是"愤世嫉俗"，但后来我发现，"批评"最凶的反而正是那些德高望重、生活舒适的老教授们。

四年后，当我一个从小顶着"好学生"光环的乖学生，成长为能够独立判断、理性陈述自己观点的准毕业生时，才明白老师们的批评，正是为了在潜移默化中培养学生批判性思考的能力，回望过去几年职业生涯，我发现这种能力使我获益良多。

权力与权利

进入法大第一个学期，几乎每个老师都会讲到的一个问题，就是分清"权力"与"权利"。一字之差，但二者意义完全不同，深刻理解这种区别对于一个法学生来说至关重要。四年里我们的任务就是用法律、制度将前者关进笼子里，同时用法律和制度保障后者得到切实保护。

我的权利意识，就是在法大养成的。限制、监督权力和保障权利，体现在法大生活的点点滴滴。记得政府公开条例刚刚出台时，老师布置的作业之一，就是找到自己感兴趣的部分，运用政府公开条例要求某地政府依法公开。

和权利意识一同养成的，还有风险意识。做一件事情之前，明确的风险点在哪里，是否有方式能够规避，风险和收获的投入产出比是否合理……都说法学生是理性的动物，但我认为将之形容为最

聪明的动物更为合适。

现在看来，法大的培养也许是我能够成为一名记者的原因。限制政府权力，保障人民权利的方法有很多，新闻当之无愧是其中之一。

要读书

大二之后直到毕业，每年 9 月都会有接待刚入学的学生和家长的活动，谓之"迎新"。其中有一位名叫王菊花（化名）的师妹一家让我印象深刻。她个子不高，皮肤黝黑，话很少，我之所以对她印象深刻，是因为她的父亲是背着扁担来送她上学的。

一路上，注册缴费，她走的都是"绿色通道"——那是专门针对贫困地区学生的政策。五年之后我毕业时，听说她考上了研究生。又过了几年再次回到学校，她已经是法哲学博士。现在，她在地方一所高校做老师，锅盖头变成了长发，她说自己已将全家人接到现在的城市，过得很好。

在中国，大学作为阶层跳跃的踏板可追溯到科举制，在社会阶层固化加剧的今天，有人说这一机会窗口已然过去。但在我眼里，法大给了无数出身偏远贫困山村的孩子一个公平的起点。大学里我最好的朋友当中就有贫困生，他们都已在北京落户扎根，有了满意的生活和自己的小家。

法大的"占座"风气，在京城高校中闻名遐迩。在法大，大学依然是最好的机会，让不同背景的学生同在一个屋檐下学习、生活。我想每个学生在清晨和深夜，背着书包慢慢地走在路上时，内心都是充满希望的。

怀念母校，已成为一种情怀。因为它能帮助记起你从哪里来，又是如何走到今天。

感谢法大。

BBS、校内和军都山

——祭（记）一个网络与现实交织得最完美的时代

陈绍伟[*]

坐标 2019 年，目前朝气蓬勃的年轻一代，最熟悉的网络阵地当是微信，其次微博，还有新兴的抖音。微信于私，微博对公，抖音撩小哥哥，各有所长。工作 8 年，每每有刚毕业新来的小弟弟小妹妹们介绍我刷微博、拍抖音，我就会从脚边最底层的柜子抽屉里掏出那一根一放好多年、一直在身边的我不抽的烟，装作颤颤巍巍的样子，给他们讲那过去的事情。我的演讲题目一般都是：你们聊微信、刷微博、刷抖音"图样图森破"，我们读书那会儿刷着 BBS，上着校内网，发着短信，喊着 5 点牛前比你们高到不知道哪里去了。我是认真的，可他们都说不是特别能听懂。

法大 BBS——匿名的公共社交场

直到现在我都认为，在 2007 年创立法大 BBS，是法大校园管理史上最经典的一记"盘外招"（褒义）。在那个大型互联网络论坛盛行的年代，学校积极借鉴经验，创立法大自己的校园 BBS。多年以后我回想，法大 BBS 存在的最真实意义应该是为全校几千名青春满满的学子创造了一个合理激荡自己观点的公共场所。同学们匿名讨

---

[*] 2007 级，现供职于四川省攀枝花市委编办。

论着和校园生活息息相关的真事，这些网络上的讨论又会直接反馈影响到真实的校园生活，完美的闭环就形成了。

我甚至无法认定在 2007 年至 2011 年的那个时期，哪个版块才是 BBS 上最火的版块。

说校园生活最火一定是最保险的。毕竟这里几乎每天都有说不完的话题，关于明法楼占座，关于食堂的饭菜，关于网费偷跑，关于电卡充值，关于谁提了我的水壶，关于教务处的通知，关于后勤处的回复，关于环阶的猫……我可以列举一整天，因为这里一整天都有话题。

要说感性人士的最爱，那一定是恋之风景。每隔几天，这里都会出现寻人帖：某年某月某日端升楼 201 第一排左起第三位长发飘飘的帅哥你在哪里？环阶打开水处朝窗外凝望 12 分钟零 48 秒的妹子你为何忧伤？以及恋之风景的两个不老帖：打卡留念明年的你还是单身狗吗？打卡留念明年陪在你身边的还是他（她）吗？更不用说经常出现的狗粮帖、自留心情帖，认认真真地爬完恋之风景的楼，你甚至可以说自己已经和整个法大谈了一场恋爱。

想感受唇枪舌剑，你偶尔可以去思想交锋看看。实际上我连版名都忘了，因为我并不常去那里。但作为以思想多样著称的法大，很多同学以思维的碰撞为乐趣，并以此磨砺自己。他们往往从校园生活版块开始自己的旅程，从小处着手探讨是非曲直，慢慢走向思想交锋版块，发展成严谨而犀利的辩论场。曲高和寡是必然的，但长大后的你总是怀念那个与你匿着名争得面红耳赤的年轻人。

夜晚的网络宽带一般都是属于 BT 联盟的。抛开版权这一高大上的话题不说，2007 年左右的高校 BT 联盟，绝对是开辟了网络资源共享的新天地。以 IPV6 为技术基础，原本既贵又慢根本看不到电影的英特外网，被内网 BT 联盟甩出不知道几条街。经典电影、流行综艺一网打尽，也涌现出了一批技术大神，他们默默地用技术架起那个资源匮乏年代的闭路电视线，学生们的课余生活也丰富了起来。

如果话题不用非常正经，那水吧就是热闹得超过校园生活的版块。这里没有正儿八经的回复限制，只要不违法、违规、违反公序良俗，每隔 15 秒你就能水上一帖。这里有日帖过万的记录，也有专给自己盖楼（注：同一个帖子下面回复）的人，平时没事约个歌，大四毕业还能约个送别饭。我至今还记得 2010 年水吧"送大四杯"大型约饭 K 歌现场，各版版主齐聚，各活跃分子纷纷出席，那也算是最原始的 BBS 大（wang）神（hong）见面会了。总有人跟你聊天接话，水吧可能在暗中成功地治好了不少法大学子的孤独症。

当然还得说说一些突发版块。比如为评选"我最喜爱的十大老师"、法大"学术十星"，为举行校园歌手大赛而专设的临时版块等，可以说是每逢佳节分外眼红。同学们在线下谈论着最帅老师、学术明星，争相支持喜欢的校园歌手，也在 BBS 上为他们宣传、拉票、大战、吸粉（丝），比过年还热闹。到了颁奖晚会、校园歌手决赛晚会，BBS 上的网络直播也实时开启，大家吃着火锅唱着歌，就把晚会消息尽收眼底，谁是最受欢迎的老师、谁是学术能手、谁是冠军，又够 BBS 讨论半个月的。

校内网——半实名的私人宴客厅

我给校内网准备了一整个章节，以为能激情澎湃大书特书，真正提笔的时候发现无话可说。不是纯粹地无话可说，而是五味杂陈。2007 年 BBS 建立，也正是校内网兴起的年代，与现在微信的纯熟人社交不同，校内网在高校这一大圈子内主攻半公开社交体系，这个半实名制的社交网络，找准了校园情、同学情的切入点，完美地把同学联系复制到了网络空间里，很长一段时间内，"找同学、靠校内"都是它的另类代名词。校内网作为现实校园生活的延伸，成功地承担了法大 BBS 匿名社交之外的功能——（半）实名朋友圈社交。BBS 聊不够？加个校内继续侃。BBS 吵架不过瘾？留下校内很可能就成了基友。半公开的校内网成了"寻亲网""校友网""BBS2.0

相亲相爱网"，与法大 BBS 共同承担了 2007 年至 2011 年左右的网络社交任务。

后来大家的校内就纷纷挂了。我那 600 多好友也随风而逝。大部分人的校内的墓志铭上都写着两个大字：毕业。

军都山——象牙塔里的社会演习

作为一个相对喜欢闹腾的人，我曾经想过，如果我的大学四年没有 BBS，我靠什么方式了解校园内的第一手信息，拿什么手段参与校园生活，最终的答案是：要么回归学习本身，多去图书馆看书，多去明法楼自习，构建起足够强大的内心，那也就不需要特别多的外界信息来支撑自己的生活；要么回归到承认刚从高中进入大学的大学生们本来就不是想象中那么坚强这一事实上来，必须由学校提供必要的引导，引导他们参与校园生活，把校园生活悄无声息地与大学的学习有机结合起来，达到从高中生逐步融入大学这一小社会，乃至四年后融入大社会的转变。

都说大学生活像一场演习，法大人就在军都山下挥汗如雨。在 2007 年至 2011 年的四年，我们坐在没有空调的教室和寝室里学习、生活，积累自己，准备奔赴社会的战场。法大 BBS 俨然就是我们参与校园治理、模拟"小社会"运转的地方，称之为第二校园也不为过，这应该是学校在创立 BBS 之初也没想到的意外收获。

暮年——时间的轮回

最近一次还能用外网进法大 BBS 的时候，那里已经寸草不生。校园生活里没几个新鲜的帖子，水吧里基本都是零回复，恋之风景里没有了三年二班谁谁谁我喜欢你，校园 BT 也已经不知所踪。我想法大学子应该已经找到它的完美替代品，代替它引导同学们参与学校生活。那应该是 2016 年左右的事。

题外话

作为一只唠唠叨叨的老网虫，染上了 140 字的毛病，一个话题经常写着写着就写没了，这恐怕也是那个年代论坛人的通病——形散神更散。加之 10 年前的 BBS 生涯，若单写某一重大事件，怕不能显示 BBS 全貌，更挑不出也记不住哪件大事是真的足以代表 BBS。它本就更像是环绕身边润物无声的细雨，而不是电闪雷鸣惊天动地的雷雨，它就是第二个法大，也像脑海中一个想象出来的姑娘，陪着你走过最珍贵的四年，说着四度军都春，在你离开后轻轻地让你牵挂一生，唱着一世法大人。

三载博闻一世缘

——忆我的法大学生会岁月

张航玮 *

    白驹过隙，从 2008 年 9 月正式成为法大学子一员至今已经将近十一年。而我，也从 18 岁的青葱少年至即将而立。若问在这将近三十年中，我有什么最不遗憾的事，那么，不需考虑，必定是我对法大和法大对我的选择。

    在这里，我得到了各位老师深厚的知识滋养，见识了法律人的人格魅力；结识了众多志同道合的至交好友，感受到了知己的温暖与鼓励；更重要的是，明确了"厚德、明法、格物、致公"的信念，坚定了"挥法律之利剑，持正义之天平，除人间之邪恶，守政法之圣洁，积人文之底蕴，昌法治之文明"的人生理想。

    2019 年正值我们法大恢复招生 40 周年，法大在这凤凰涅槃的四十载中，筚路蓝缕、不忘初心，留下了太多太多的故事与回忆。于我个人而言，法大四年，学业之外，最难忘的便是在校学生会任职的三年。

    2008 年 9 月，当我首次在校园里看到内事部的招新展示，"内外兼修、事无巨细"的理念，邀请李肇星外长、奥运冠军杨威和杨云参加活动的出色成绩，心底充满了无限憧憬。幸运的是，我在激烈竞争中有幸成为内事一员，并在 9 月 24 日那一天开启了此后三年乃

---

* 2008 级，现任职于天津市滨海新区人力资源和社会保障局。

176

至永远的缘分。

第一年，四位个性鲜明的部长带我们见识了什么是团体的温暖和爱，什么是优秀的学生工作。学霸、奥运志愿者、嘉宾邀请人集于一身的建伟师兄，温柔、有爱而内心坚强的思齐师姐，谦和而平易近人的篮球主力一帆师兄，大气干练的女强人榕池师姐。

建伟师兄的"准时就是提前"，让我对初入大学的怠惰倍感羞愧，从此始终守时守约，把"早"做成习惯；红哲师兄的"上课就要坐到第一排"，让我反思自己学业和工作中的得过且过，坚持课堂前排，学会在课堂上表达自己……

在不断搜寻、联络论坛嘉宾的过程中，不论外交高官、商业精英，还是艺术大家，他们对法大邀请的尊敬让我油然而生一种自豪感，同时也更坚定要为母校、为同学争取高质量论坛的决心。也是在那时，历经半年沟通与努力，我成功邀请全国人大常委会副委员长成思危先生做客博闻，成为大一最完美的回忆与最宝贵的生日礼物。

在一帆师兄的指导下，从嘉宾行程、时间的精确到分，到场地布置的每个细节反复检查，甚至嘉宾人生经历的详细了解，对欢迎词的字斟句酌，都是为了让嘉宾得到充分尊敬和宾至如归的氛围。也是从那时候开始，细心成为至今他人对我的第一标签。

第二年，感谢前任部长与同事们的信任，我成为内事部长之一，与四位同事开启了崭新的一年。我们不仅面临着继续保持博闻做好做强的工作压力，也要靠自己探索怎么凝聚师弟师妹、打造一个更加有战斗力的队伍。金晨、元乔、捷瑞、刘瑾四位部长，在我脚骨断裂时承担了所有工作，但是却会不论多晚都来和我讲当天的迎新进展、共同商量第二天的工作。诚然，我是一个急躁、固执的部长，大家虽会一时气愤，会因为选择用人而争执，也会因为不同理念而碰撞，但是最终都会给予彼此充分的包容与理解，坚持着团队的和谐，学活中心有我们不断交流的回忆，礼堂里有我们不懈工作的身影，宪法大道我们共同走过最多……

每次的学生会活动，郑老师都不顾腿脚不便，一直陪伴我们到活动结束、收拾完毕的深夜，再独自步履蹒跚地离开。他也会耐心地给予我工作上的建议，比如根据不同热点时期、前期嘉宾领域、师生需求等各个方面来具体分析每次去努力争取哪些嘉宾。或者正是从那个时候开始，身边的榜样让我学会把对工作的责任心放在最高的位置。

　　那一年，与易中天老师持续一年的联系终于有了成果，成功邀请到他成为嘉宾。而在迎接易中天老师来法大时才知道，先生在当日下午五点参加完前一场活动，稍事休息，就乘车赶往法大，马不停蹄为法大带来一场精彩绝伦的讲座。我想，大师之所以为大师，之所以为万千人所钟爱，不仅在于其高超的学术成就与演讲的思辨能力，也在于他对他人的尊重和努力做好每次活动的严谨吧。

　　第三年，从未想到我能从一帆师兄手中接过接力棒，成为分管内事部的副主席。我记得郑老师是在下午向我们宣布任命的，但是直到当晚，我一直失眠：兴奋是有的，能够在内事部再多一年的生活是万分难得和荣幸的；更多的是压力和责任，内事部处于高速成长的黄金时期，我怀疑自己是否能够保持内事部的良好作风和博闻论坛的持续高质。

　　也是在这一年，一帆师兄经常放弃恋爱和复习的时间，了解我的动态和我的理念，甚至常晚上从市区跑来找我谈话，建议我如何配合好老师、如何带好部长们、如何和主席团形成一股坚强合力；主席元乔，不时给予我工作上的支持，并默默充当了我和部长们的润滑剂，在我们有矛盾、有争执的时候，及时出现来共同讨论嘉宾邀请工作和部门凝聚力建设；辅导员管老师，总在我彷徨迷茫、缺乏信心接受新挑战的时候，倾听我的困惑、我的犹豫，与我谈心，甚至比我自己还清楚记得我在学生会的每一次嘉宾邀请和晚会活动，也分析了要学会成为大哥、成为前辈、成为朋友，去适应副主席的角色，勇于经受一次全面的工作考验……凡此种种，虽然三年来在学习上不甚出色，却在同学、师长的帮助下，把内事部当作事业始终如一地做了下来，不敢说完美无瑕，但也是尽了所能尽的最大努力。

第三年，经过马拉松式的邀请，于丹老师最终应邀来校，想起两年多的持续联系，甚至跑到北师大的课堂上站着旁听一上午，就为了在课间送上邀请函与亲自讲述对于丹老师的真诚期待，一路辛苦，一路收获，让我知道了"精诚所至，金石为开"的意义。这次成功的博闻论坛，也给自己和在内事部的三年画上了一个圆满的句号。

整整三年，几乎每次博闻论坛都是一票难求，队伍总是一大早就绕上几圈。尽管我是部长、副主席，我的三位室友却从未开口问过"内部票"问题，他们看到了我对于工作的热爱，也了解我对于原则的坚持和不妥协。自始至终，他们参加的每次活动，无论寒暑，都是自己在长长的队伍中排票，每次看到他们远远招手，手里还提着帮我留的午饭，内心总是充满了家人一样的感动与感恩。也许，这也是法大人的一种精神吧，尊重原则、充分信任、心怀大爱。但假如时间可以倒流，我想，我一定会亲自去排几次队，帮他们把票排出来。

到了毕业时，我也未曾预料会一直被内事部的师弟师妹记得，竟然在毕业晚会得到了全班最多的鲜花，收到了最多的祝福。在收到鲜花的时候，内心先是无限的喜悦和骄傲，接着也是对内事人这个情感纽带的更深感悟，对集体家庭的依依不舍和心怀谢意。感谢这一段经历，带给了我大学期间最多的情感、经验和收获。

一直以来，不论是内事部还是母校，他们都已经成了一种精神烙印在心里，始终在伴随着我。每一次工作考核的优秀，我都会想起努力去做好博闻论坛与各个晚会的日夜；每一次人生中的挫折，我都会想起邀请嘉宾时无数次的碰壁；至于大灾来临时，也是法大人致公而胸怀天下的精神、内事部舍我为人的责任心，影响着我第

一选择是尽责尽职，而不是退缩……

内心里最大的愿望，一直是希冀有一天可以对法大、对内事部说，像你一样，我为你骄傲，正如我是你的骄傲。不论身处江湖多远，总希望自己依旧保持法大人、内事人的精神，不断向着互相骄傲的目标做更好的自己吧。

下面的故事，请你继续

李腾飞[*]

来了，法大；别了，法大。

有的缘分是四年，有的缘分是一眼。

人生是由一个个时间节点构成的，呱呱坠地、咿呀学语，草地里摔个跤就上了幼儿园。乘法口诀、唐诗宋词，转个身即与童年作别。变声初潮、过"独木桥"，恍惚间你已成年。

下一站，中国政法大学。

"你们不用记住我，让我记住你们就可以了。"

2009 年 9 月初的新生见面会，同学们轮流做着自我介绍。我跟大家说，我来自云南省保山市，这里位于中缅边境，澜沧江水滚滚流过。你们不用记住我，让我记住你们就可以了。

然后，我一个同学也没记住……

天津狗不理、新疆大盘鸡、重庆火锅、陕西油泼面、东北大饺子……听别人自报家门时，我脑海里每一个省市的味觉记忆都突然清晰起来。我又上了一节地理课，但是没有记住任何一个人。啊，那节课真饿。

不过，几个月前身边还都是说着同一口方言的小伙伴，现在却是五湖四海的兄弟姐妹，神奇！

"我本来冲击清华北大的，高考失误了来的这儿。"

＊ 2009 级，现任职于中央广播电视总台。

"哎呀，这学校怎么这么小啊，还没有我们高中一半儿大。"

"老师，怎么能调剂到四大法学院呀？我想转专业。"

……

亲爱的同学们，收起你的小心思和小情绪吧。秋来九月八，美好的大学生活，我来啦。

"阿姨，来份儿麻辣烫，不要醋。"

法大的四年是幸福的，我的胃和体重跟我说。

二食堂的麻辣香锅就像小蛮腰、大白腿、衣品满分的女神，偶然相约邂逅一两次自然十分心动和享受，但你干瘪的钱包、不忍直视的一卡通余额和排长队的别人都点醒你，长相厮守不可以。

四食堂的疙瘩汤和鱼香肉丝就像同寝室的哥们儿，陪你看比赛、刷美剧、打游戏，每一天和你最亲最近，还不忘说你记得别落了旁边的热水壶。

军都服务楼的水果就像市中心的房、限量款的 AJ 和椰子、X 后的 iPhone、BBA 起跳的车子，它们教会你，想要生活品质那是需要付出肉疼的价格。

麦当劳胡同里的士林鸡排和卤肉饭就像每个月的放薪日，翘首以盼、周期打卡，这顿吃完，已经在期待下一次赶紧来。

离开学校已经几年了，可无数次，我依旧会梦到菊园宿舍楼下的麻辣烫，冬日里给予我温暖，疲惫时激励我挺住，价格公道、香气四溢、量大实惠、百吃不厌。它才像我的爱人，经历岁月和现实的考验，我可以下定决心，爱你如初、矢志不渝，要永远在一起。

"怎么学新闻的还写假新闻？"

我们几个同学都是球迷。我喜欢利物浦，对面床粉切尔西，隔壁寝的一生红魔。而院草，他喜欢波多野结衣。

法大的足球场，踢球的少，散心的多。

我们几个，买了 30 元一件的球衣，100 元一双的钉鞋。射门是没羽箭，奔跑是草上飞，马赛回旋、油炸丸子，昌平比利亚、学府路卡卡，这是我们眼中的自己。

可现实是，带球被断、射门疲软，两分钟一个"我的我的"，半小时碰不到一次球。

于是，大四毕业赛时，开场仅仅几分钟，就被师弟们哐哐逛进俩。

耻辱！反击从现在开始！

然而，回头一看，都已经跑不动了……

最后，没有悬念，以一场败仗结束了大学最后一场球赛。

学院新闻里写道，大四师兄师姐们发扬不抛弃、不放弃的体育精神，奋勇争先、突破自我，在排球、篮球、足球赛中都获得了胜利。

"呸，怎么学新闻的都写假新闻。"

我们总结了一下，肯定是因为那天热身时间太长，体力消耗太快了。

现在，我穿巴塞罗那买的 100 欧元的球衣，追着最新款的博格巴同款耐克球鞋。嗯，如果给我再一次上场的机会，我一定会不负众望，跑吐给你们看。

当时好些细节想不起来了，只清楚记得，告别赛那晚上的啤酒，特别辣。

"凡我在处，便是法大。"

我的一切，都是法大给的。

毕业典礼那天，校长说，进入社会，法大人，要坚守公平和正义。"凡我在处，便是法大。"

我们学校的人有什么共性特点？

相信并践行公平和正义！

毕业后，我成了一名记者。

"3·01"昆明火车站暴恐事件发生后，我赶到了现场和医院，见到了一辈子都不会忘记也不愿去回忆的画面。那几天，几乎无眠，

闭眼都是血泪的景象。连轴转采访播出报道，誓与恐怖主义宣战，法大人勇往无惧。

"8·03"云南鲁甸6.5级地震，我在震中吃"浑水泡面"，被《环球时报》点名"假新闻"。对不起，法大人干不出这种睁眼说瞎话的事儿。于是，胡锡进道歉了。

2018年，滇东北某镇政府强行征地、打伤村民。我实地调查、采写内参，上报至中央领导案头，此事得以解决。法大人客观讲理、尊重事实。

还是2018年，某市出台公积金新政，暂停公积金贷款和抵充还款。我立即跟进报道，批评新政违法违规。最终，公积金中心向用户道歉，新政仅施行五天即被叫停。合法权益得不到保障，法大人看不下去。

这几年，我努力通过自己的努力，让社会变好一点，哪怕只是一点点。

凡我在处，便是法大！

回首四年，波澜起伏、精彩无限。

我的法大故事已落笔，你的法大故事，请继续。

2010 年代

问尔何所有，心乃自适闲

盛 熠[*]

    偶尔细雨连绵终究微风和煦的五月南方，迥异于军都山下柳丝榆荚自芳菲的三春时节。倏忽之间，时移世易，径自已有十年光景，真个所谓：忆得旧时携手处，流光容易把人抛，当年心事未曾消。

    万事万物发展的过程和它产生的结果，有时候也确实难究其理，不易明晰。在法大度过的四年，说起来也很有些因缘际会，在高考填报志愿之前，我都没有听说过"中国政法大学"或者"CUPL"，但我仍然幸运地来到了名扬天下的法大，并且度过了对我人生而言最为重要的四年。回忆起过程来，也许刻骨铭心或者云淡风轻，在此只能一笔带过。"四年四度军都春，一生一世法大人"犹在耳畔；"厚德明法，格物致公"更是没有一日相忘。法大于我，已然成为一生的印记。

    作为一个地道的南方人，对周遭的一切是如此的陌生，所以在北京度过第一个秋冬季节时，就似乎理解了"去国怀乡，满目萧然，感极而悲者矣"的真正含义；郁达夫写《故都的秋》："来得清，来得静，来得悲凉"，我也深以为然。"少年不识愁滋味，为赋新词强说愁"，年少不更事的孩子总是盼望着一夜之间长大，希望能够尽快熟悉和适应这个环境。我是幸运的，在短短的四年光景里，认识了那么多朝夕相处的同学和耳提面命的良师，熟悉了曾于京郊某堆篝

---

    * 2010 级，现供职于中车戚墅堰机车车辆工艺研究所有限公司，从事品牌管理工作。

火旁唱起《凤凰花开的路口》的那些人，"大时代"的故事虽然未尝有幸参与，"小确幸"却始终伴随着我走过了在府学路27号的四年。

南风知我意，或许吹梦到了军都山下。满目山河，凭空念远，亦是无觅的18岁少女的心事；春暖秋寥，何曾言足，抚慰着心灵的许多载锦绣年华。我熟悉了环境，适应了物候，欣遇诸多师友，成就了学业和品格。往事历历，不一而足，其中最忆的还是属于"中国政法大学记者团"的四年。

记者团给予我的锻炼，是一笔享用不尽的财富。忝为团长，从日常工作到活动举办，从熬夜写稿到组版编辑，都曾经参与甚至组织过。"吾爱吾师""沧溟浔流 书墨珺深""我有一组什么样的中国梦"……"小确幸"里满满都是它们的回忆，有人有事，有苦有甜，有眼泪，有欢笑。有一群人贴海报、挂横幅、展台吆喝、礼仪培训、接送嘉宾；有一个人写策划、定场地、画海报、做视频、活动拍照、现场协调。《中国政法大学校报》《鶪鸣》《出神》《家人》……冒雪奔波采访、酷暑通宵赶稿的苦乐岁月至今仍觉是一畅平生的书生意气。

从中国到英伦，从学士到硕士，辗转求学，读着初选法大的新闻专业，CCTV，JSTV，CZN等各类媒体寸身行遍，俨然成了一名新闻人。世路总存坎坷，此心到处悠然，新闻人的心志从未改弦易辙。我工作的研究所适逢甲子大庆，作为企业文化干事，近期翻阅资料，整合文牍，常常见到已经少人知晓的林林总总，总会想象当年的岁月激情。江山犹留胜迹，我辈还复登临，想起几番变化虽已物是人非难言难叙，但人事代谢何须三十年一条大河分出个东西南北。有道是当年称意须为乐，人间有味是清欢。

我从法大毕业已有五年，时常想念那方天地的四季变幻：春天的杨絮，夏夜的蝉鸣，秋日的朗照，冬季的清丽……何处是我精神的慰藉？惟有少年心、法大魂。

长路奉献给远方

——追忆万里车协往事

梁　优[*]

中国最早用自行车环游世界的潘德明先生讲过这么一句话："以世界为我之大学校，以天然与人事为我之教科书，以耳闻目见、直接的接触为我之读书方法，以风霜雨雪、炎荒烈日、晨星夜月为我之奖励金。"车协是我在法大的学校，远方是我完成自我独立的教科书，它们对我的人生及职业选择都产生了巨大的影响。而故事总有一个开端，让我冷峻、克制地从开头讲起。

2012 年的夏天我刚念完大一，独自一人从昌平出发，骑行 1600 千米回到了江苏老家，路上风尘仆仆不表。

9 月份开学，晒得跟黑炭一样的我回到学校，有一个叫章一鸣的师兄在人人网上看到了我的骑行帖子，约我到主楼地下室，给了我一辆破旧得快散架的自行车和一面写着"万里车协"四个字的大旗，对我说："整个 2011 级，我就知道你骑自行车，万里车协的会长就交给你了。"

接过会旗的我转头去社联申请百团大战的招新展位，社联同学一查记录，说万里车协因为两年没有招新已经被注销了。我拿着旗，突然成了非法协会的会长，从此再也没见过那位师兄。当时的我并不知道，"万里车协"这四个字将怎样写进我的生命里。

＊ 2011 级，现为北京爱跳不跳文化传播有限公司创始人。

一切从头开始，在人人网上招募"创始团队成员"，骑行经验几乎为零但非常努力的会长层成立。重新递交社团申请书，百团大战招新，开始第一次"骑车去军训基地看新生"活动，一切紧锣密鼓，我们拥有了五十余名会员。不过问题还是很多，当时我们的副会长赵杨去对外经贸大学的蚂蚁车协考察回来后，哭丧着脸说："人家有专门的自行车库，好几百辆自行车！"而我们不多的几辆山地车都停在主楼地下——没有任何灯光的防空洞里。

（2012 年 9 月车协第一次例会）

转机出现在 2012 年的冬天，接连对对外经贸、北大、石油、央财等学校车协完成考察的我们打算组织第一次寒暑假远途骑行，一般叫"远征"。远征需要购买车、货架、驮包等一系列物资，还需要筹措各种路费，对于学生来说负担不小。我们决定，开始广撒网拉赞助。在麦胡扫了一圈被拒之后，我们决定把目光放得更为高远，"我们不在乎那点小钱"，决定开始找大的品牌赞助。在做了一个精美的策划之后，我几乎把所有的时间花在了私信各个品牌微博、寻找对方市场部邮箱的沟通上。各种运动品牌、户外品牌、饮料快消品甚至连《中国国家地理》都被我骚扰了一遍。功夫不负有心人，我们找到了361度，一个除了司考基本不会有人穿的运动品牌（皮一下）。当时361度的品牌公关外包给了奥美，我就每天熄灯后用自己买的无线wifi跟奥美的人沟通，经过两周时间的细节确认和多次拉锯，奥美和361度决定赞助我们的海南远征，包括3万元的现金和7万元的物料（每人一件冲锋衣、一条裤子、两件短袖和一双鞋），甚至还包括一个摄影团队跟拍纪录片。我把这个消息告诉了周围的朋友，大家都傻眼了："校外联都拉不来这样的赞助"，而我觉得，我们注定会成为法大最好的社团，而这件事也直接影响了我的职业选择（大三，我进入公关公司万博宣伟实习，后来再放弃法律行业选择休学创业，皆是由此开端）。

海南远征，拥有了赞助的我们一共去了22个人，坐了36个小时的硬座从严寒的北京到达海南海口，那是我第一次在冬天接触热带的夏天，我们沿着海南的东海岸线一路骑行到三亚，在椰子树下扎营生火；再翻越五指山从三亚到海口，与水清沙白椰林树影的海南大学依依惜别，那是我人生最难忘的冬天之一。

（2013年1月第一次海南环岛）

第一次远征愉快地结束，万里车协逐渐在学校变成众人皆知的社团，新的成员不断加入。同时，我们把目光投向了更高远的目标，在2013年的暑假我们决定，选择一条艰难但非常有意义的线路——

"兰成"。"兰成"路线是兰州—成都的缩写，从兰州出发，经临夏、夏河、碌曲、若尔盖、唐克、夹金山、梦笔山、雅安，到达成都，全程约 1500 千米，是红军长征中"翻雪山过草地"路线的反走，要翻越 4000 米以上的垭口两座。为此，我们展开了充分的准备和艰苦的训练。在我短暂的人生中，从未对一件事进行过如此认真、充分的准备。我们招募了 50 名候选队员，每天不停歇地训练，包括体能、爬坡、控车甚至包括宗教文化、急救知识的培训，每天操场训练的"兰成"队员成了法大最亮丽的风景线。最后，通过训练考勤、爬坡测试、体能测试，选出了 24 名队员参加"兰成"远征。

二、训练详细安排

周期		具体训练项目					
		周一	周二	周三	周四	周五	周六	周日
5月份	第十一周			报名			团购买车	5.12 䯸山拉练
	第十二周	5.13 田径场 7圈	5.14 田径场力量训练	5.15 田径场长跑60min	5.16 田径场 7圈	5.17 田径场力量训练	5.18 主楼爬楼梯	5.19 冰长城拉练
	第十三周	5.20 水库控车练习	5.21 田径场力量训练	5.22 田径场长跑75min	5.23 白浮泉公园控车练习	5.24 田径场力量训练	5.25 妙峰山拉练	5.26 急救培训讲座
	第十四周	5.27 水库控车练习	5.28 田径场力量训练	5.29 田径场长跑80min	5.30 白浮泉公园控车练习	5.31 田径场力量训练	6.1 京城夜骑训练	6.2 环保分享会
6月份	第十五周	6.3 水库控车练习	6.4 田径场力量训练	6.5 田径场长跑85min	6.6 白浮泉公园控车练习	6.7 田径场力量训练	6.8 藏文化讲座	6.9 慢跑85min
	第十六周	6.10 天津拉练去	6.11 天津	6.12 天津拉练回程	6.13 白浮泉公园控车练习	6.14 田径场力量训练	6.15 田径场慢跑90ml	6.16 田径场力量训练
	第十七周	6.17 水库控车练习	6.18 田径场力量训练	6.19 田径场长跑90min	6.20 田径场控车练习	6.21 田径场力量训练	6.22 测试	6.23 䯸山测试

第11周：周末骑行䯸山拉练。
第12周：一周3次，每次跑步7圈，周末镢子石拉练。
第13周：一周3次，每次跑步8圈，周末妙峰山拉练（单程47.8公里）。
第14周：一周3次，每次跑步8圈，预行妙峰山负重骑行（单程47.8公里）。
第15周：一周4次，每次跑步8圈，端午节天津骑行（单程200公里）。
第17周：体能测试，䯸山每周不进行专门拉练，队员们有时间自行训练，来回大概2小时。

三、跑步训练：
1.下午17:10田径场集合（靠近食堂的器材处集合，可看台领导找集合点）。
2.每次体能训练需签到，每周最少参加三次，累计8次不参加训练者算自动退出本次兰成线骑行活动。

(2013 年 5 月"兰成"训练计划)

同时，由于海南远征的成功、"兰成"远征队的成立和日益完善的车协日常活动在学校的巨大影响力，我在"兰成"远征前夕，拿到了"十大社团人物"第一名，车协也被评为"金星社团"第一名。这意味着，万里车协，从一个被注销的社团到法大最好的社团，只花了9个月时间。至今提到这件事，我都为车协人感到非常开心和骄傲。

"兰成"是一条艰苦的线路，2013年7月，我们胜利到达了成都，过程暂且不表，这是在全国高校自行车协会里都被广为传颂的一次远征，也是所有当时的车协人心中最难忘的青春回忆，有兴趣的朋友可以去优酷搜索《兰成》纪录片。

（兰成照片）

"兰成"远征的成功为车协积累了大量的人才和骨干力量，由草台班子起家的车协开始向体系化、多样化、管理化转型。黄科维、马扬相继成为会长，并在后面的日子里延续了车协外联强、活动实力强、远征优秀、公关宣传好的特点，在做好日常活动的同时，车协相继完成了多条艰苦卓绝的远征线路（包括滇藏线、香格里拉环线、兰州—敦煌等）。同时，大量的法大精英加入车协，在巅峰时期

车协有很多个"学生会主席"。后面的我就慢慢离开了，在大三结束的暑假，我选择了休学，而后创业，之后在北京生活至今。

车协基本等于了我的大学，影响了我的人生，纵然很多事情已过去太久以至于我经常记不起来，但是很多内容是写在血液里的：走南闯北开拓的视野让我不再偏安昌平一隅，真挚的友情和信任让我受益终身，身体的经历和磨难让我在面对困难时从不畏惧，对自然的喜爱让我内心安宁喜乐。车协是我的青春，是我在最好的年纪、最旺盛的精力的时候和伙伴一起结出的果子；是我对循规蹈矩、平庸人生的对抗；是我对匆匆年华、流水光阴最好的纪念。

我怀念法大，怀念车协。每年有时间，我还会出门长途骑行，但是我的队友、我的青春啊，你们去了哪里？

欲买桂花同载酒，终不似，少年游。

每一分钟我就想念你 60 秒

彭游林 *

　　我记得当年毕业演讲的时候我写的题目是"逐梦这件事要一起做才最有意义"，今天我想把这篇文章变成一个"续集"。

　　离开法大已经三年了，近期因为实习律师培训又回到了法大，虽然是在海淀校区，但是这也足够让我回味一把我在法大的日子了。想说的实在有太多了，因为在法大的四年实在是精彩万分。

　　我是法大 2012 级刑事司法学院侦查学专业学生，法大玩泥巴清唱团的创始人之一，也是时任的团长，大家能够熟知我，或者说我今天能有这个机会写这样一篇文章，也是因为玩泥巴清唱团，这个团对于我来说意义非凡，如果让我回忆我的法大生活，那我就负责叙述"文艺法大"吧。

　　活动方找到我的时候我挺诧异的但是没有半点犹豫就答应下来了，这让我想起了我的一个师兄，估计大家也很熟悉——那就是2009 级的屠化师兄。化哥大四的时候我大一，当时他在礼堂给新生做了一个演讲，就是讲校园文艺生活，我还清楚地记得题目叫作"文艺法大"。我当时就在想我是不是也能有机会，不管以什么方式和大家分享我的大学生活，说也奇怪，那时候就有了这个不大不小的梦想。

　　其实不瞒大家说，我从小就知道我自己能唱歌，而且比一般人

　　* 2012 级，现为北京市君合律师事务所律师。

唱得好，高中的时候特别想创建一个阿卡贝拉的团体，但是当时迫于种种条件都没实现这个想法，来到大学以后就在琢磨这个事情。大一我就参加了校园广播歌手大赛，也是多亏这个比赛让大家认识了我，我开始参加各种晚会，可能是因为我作为新生就已经开始光芒万丈地演出，从大一开始就被叫"师兄"。也是通过比赛，我认识了玩泥巴清唱团的前身，当时清唱团还没名字，挂在艺术团旗下，当然这几位初始团员都是我大学生活中很重要的几个人，我特别兴奋地申请加入，没想到他们也正有吸纳我之意，一拍即合，成了。

加入社团以后，一直到大一上学期结束也没有作品能排出来，我们就这样吃吃喝喝地"蜗"在学生活动中心的二号琴房，我们的琴二。真正我们开始正式排练、正式进军高校阿卡圈是在 2013 年的 3 月，我们接到了来自北大的邀请，而后我们决定参加北大阿卡贝拉清唱社举办的"因爱而声"的阿卡专场。我们当时 11 个人宛若民工进城般浩浩荡荡地摇着地铁去了，内心无数的忐忑，真是不知道阿卡贝拉这个圈子的水有多深。在演出前两个小时，活动方因为票印多了观众位置不够，临时决定把我们演员赶出去，这还没有演出就已经受挫，我们当时就说不演了干脆回学校，11 个人就在场外举手投票，六比五，我们留下演出。虽然再不情愿还是磨到我们上台，我第一音起，台下便响起了如潮水般的掌声（虽然我不知道为什么要形容为潮水般但真的挺像的）。我发誓现场没有一个托，意外地场下反应特别好，但是第二首歌原本是 11 个人都上台的，结果告诉我们麦克风不够上不了这么多，这事儿现在想想都觉得挺有意思的，我觉得要在我们法大这事儿绝对不可能有。这也就算我们出道了，从此江湖都流传着法大玩泥巴清唱团的佳话。

后续我们不断扩充人数，成立了几组表演的小分队，原本以为就这样平淡的社团生活在 2014 年 3 月改变了。当时我们接到团委孙璐老师的电话，让我发我们团的照片和演出资料给她，说是参加央视的节目，我当时真没怎么当回事，就稀里糊涂地发了。大家熟悉的《万物生》在 3 月的某一个周末，我、你们的炫毅师兄还有我们当时的团长刘晓晨，在炫毅的家里完成了创意的汇编以及基本走向的确定，我很佩服炫毅的创作天赋，能够在无数个作品中选定这个曲子并且完成出色的改编。3 月、4 月这两个月都是在排练中度过的，当时成立了 cupler，我们二三十号人每天起早贪黑排练，排完声乐排舞蹈，连午休的时间都没有，当时舞蹈排练厅有一块很脏的绿色棉垫，我们每天中午就在垫子上轮流睡午觉，排练过程虽然辛苦，但是最后拿到冠军那一刻觉得一切都很值。从来不在中央台停留超过 3 分钟的我居然暑假守着中央电视台十五频道看自己的节目，当时《万物生》的视频点击率在短短 3 天就破 10 万，这个契机让我们政法大学一跃成为首都高校文艺强校，我们玩泥巴跻身于高校阿卡贝拉圈的上位圈，至此开始各种邀约不断。我们第一年专场办在第 18 周，相当危险，因为预感很多人因为备考不会来我们专场，但是多亏我们平时攒下了很多忠实粉丝，就算是第 18 周周四还是来了很多观众，礼堂一楼只空了后面几排，大幕拉开的一瞬间我也终于明白为什么明星开演唱会的时候会哭。第二年的专场我们办在第 16 周，这下礼堂全部坐满，2016 年的专场礼堂一层二层全部坐满，满意毕业。

　　大学四年的生活大部分给了社团活动，但是这没有太影响我的学习成绩，但是你们想象不到我大一第一学期的 GPA 只有 2.6，那时没有出国的打算，想着就这样不挂科混到毕业就行，后来我大三突然有了去韩国留学的打算，低头一看自己的 GPA，着实为自己捏了把汗。真正学语言的过程虽然很累但不算困难，我每周六上午 6 点从昌平出发去中关村上课，但只靠周六的时间完全不够，私下也每天泡图书馆，韩国语能力等级考试最高级 6 级，我一年时间考到 5 级，在我的培训机构这算是一个值得传颂的佳话。学语言真的是件很愉快的事，当你在国外可以和别人正常交流的时候真的很自豪，但是当你能和外国人吵架的时候，那才是真的到位了。至于刷 GPA

的过程要比学语言辛苦 100 倍，各种打听哪些课给分高，上课坐前排和老师进行眼神交流，让老师时刻感知我的存在，真是一点点刷上 4，我课表最多的时候有 38 学分的课，一边学习一边排练。

我是侦查学专业出身，所以在法律素质上其实是比起法学专业的同学要欠缺一些，我们侦查的课少，又不想辅修，我就去旁听法学专业的课，慢慢提高了自己作为一个法律人的法律素质。3 月我拿到当时黄进校长给我去首尔大学留学写的推荐信时，我出主楼的一瞬间原地蹦了三次！虽然我成绩不算是优异，但是凭借自己的社团经历还有多次为学校在文艺事业上披荆斩棘，拿到这个推荐信后真的是又感激又兴奋。所以我想传达的一个观点就是，在自己的领域做到最好，懂得拼搏、学会满足，这点太重要了。

在法大走完四个年头，离开法大也已经三年，怎么说呢，我一开始就没想过要来北京读书，也是冥冥之中与法大有这么一个缘分，在高考志愿截止的前一晚我把法大放在了第一录取顺位，现在想起来真是没有半点后悔。在学校的生活简单朴实又精彩，前段时间我回了一趟高中，高中同学提起我的时候总是说"你大概是我们学校在大学里过得最精彩的人了"，对于这样的说法我是很拒绝的，每个人都很精彩只是常常你的精彩都在别人眼里。大四毕业的时候我觉得毕业是一件很"妙"的事情，不是奇妙我当时更觉得是微妙，我很惶恐在毕业后一切又将重新归零但也对未来的留学生活充满着无限的憧憬，后来我出国留学后顺利毕业，然后在君合就职，现在会想未来是怎么样的呢？我不知道，可是这一点重要吗？不重要，探索未知以及发现寻找下一个更好的自己才是最刺激的部分不是吗？

想想大学在法大的四年时间真是好快啊，2012 年的 9 月我第一次来到北京就被"锁"在了昌平，那时候地下通道还在修，回菊园要从校医院背后绕一大圈，那个时候北门敞着，还有送外卖这么一说。后来北门关了，强迫我们走地下通道，搞得校内同学连网购都不想了，因为不想跋山涉水地取快递。后来修主楼、修教学楼，但是依旧是我爱的法大的模样。我相信各位多少抱怨过学校的设施，没错我到现在都还在抱怨，空调装好了我只用上一个月就毕业走人了，但是真的忘不了军都，忘不了端升，忘不了法源阁，忘不了的真的太多了。最不能忘却的是法大的观众，从大一开始就在元旦晚会上演出，坚持了四年，最后一次元旦晚会我唱了《野子》，天地之大我这颗小小的种子就要破土，等待着一个瞬间的爆发，我是很少在舞台上落泪的人，因为我觉得那样很不专业，但是在《野子》快结束时，当我唱起"怎么大风越狠/我心越荡/我会变成巨人/踏着力气踩着梦"的时候忍不住落泪了。我法大 65 周岁生日的时候，我在微博里写到"今天是法大的生日，朋友圈里传了一个视频，叫《法大一分钟》，视频里一直重复着在表述一分钟能在法大发生什么，一帧一帧画面都勾起了我无限的回忆，每一个画面都仿佛有我的身影，那我这一分钟能干什么？我每一分钟就爱法大 60 秒。"

四年四度军都春，一生一世法大人。找个时间还是回母校看看吧。

舞台之外的事情

倪佳晨[*]

自 2017 年 6 月从法大毕业至今，已将近两年的时间，期间，也时常想起法大的点点滴滴。如今接到学校的约稿邀请，更是喜不自胜，立刻答应下来。但由于学业压力、生活琐事的牵制，再加上文笔本就欠佳，稿子竟一拖再拖，从五四青年节一直拖到了六一儿童节。眼看着端午临近，若再不完成，还有什么脸面吃粽子？

于是，我拉开脑海中回忆的抽屉，仔细回想着四年的法大生活，于是，我看到一束光照亮了那个阔别已久的舞台。

一

我拉开的第一个抽屉，上面贴着"莽原话剧团"的标签，我从这里走上了舞台。

大一那一年，我们在八达岭军训基地完成了严酷的军训，顶着黝黑的面庞参加学校的"百团大战"。我在拥挤的操场转了一上午，确定没有我想加的社团之后，我决定回宿舍午休。没想到，一觉醒来，我竟收到数十条社团面试的通知，这令我非常惶恐，以为是手机被黑客入侵，个人信息遭到了严重泄露，而在我看到另外两名舍友充满"善意"的微笑之后，我立即明白，是他们把我的名字和手

---

* 2013 级，现就读于首都师范大学比较文学与世界文学专业。

机号填到了各个社团的报名表上。

经历过军训之后，对于这样的恶作剧我早已习以为常，我认真回复了面试短信，详细说明了情况，向师兄师姐承认了错误，大多都得到了原谅。然而，莽原话剧团的团长，直接打电话给我，说我的两个室友已经参加了话剧团的面试，并极力推荐我也来参加。在团长的"糖衣炮弹"之下，我只能硬着头皮参加了面试。

说是面试，其实就是做一些简单的命题表演。我记得我的第一道试题是读一段事先没有看过的台词，为了表现我的积极与阳光，我微笑着高声朗读，尤其是直抒胸臆、感情真挚的部分，我更是努力地表现着自己兴奋的情绪，直到我读完结尾的"离婚"两个字，我才发现，这是一段悲伤的台词。我把"离婚"的情感读得像"求婚"，这是一个比悲伤的台词还悲伤的故事。

然而，我最终还是被招进了话剧团，多年以后我才知道，师兄师姐招收我的理由是"普通话还算不错"。我也正是以这样一个"普通话还算不错"的身份加入了话剧团，开启了我四年的舞台之旅。

二

第二个抽屉，名叫"人文大戏"，那也是我关于人文学院的重要记忆。

我是法大的"非法"学生，在人文学院修汉语言文学专业，即大家常说的"中文系"。人文学院是一个"小院"，但麻雀虽小，五脏俱全，不仅开设了全面的课程，而且课余活动也非常丰富，"人文大戏"就是课余活动中的一项。

那时我已经大三，教授外国文学的李忠实老师决定翻拍莎士比亚的经典悲剧《麦克白》。我作为其中的一名演员，参与其中。而这个故事发生在《麦克白》上演的前一周。

由于演出临近，剧组进入礼堂彩排。那是 5 月中旬的一个下午，我们顶着闷热的天气，穿着厚重的演出服，在礼堂排练。导演李忠实老师对这部文艺复兴时期的悲剧做了一些现代化、本土化的处理，于是我们穿的服装也具有一定的现代色彩。比如饰演班柯的我和饰演麦克白的另一位同学，我们穿的是绿色的军官单肩背带裤和白衬衫，腰间也插着象征武力的佩剑。

当彩排到麦克白与两个刺客秘密计划谋杀班柯的那一场戏时，我正在幕后候场，我的手机突然响了，接通电话，是饰演国王的同学打来的，这位"国王"是学校的主持特长生，声音浑厚而有磁性。电话那头传来他紧张但依然不失磁性的声音："叫人，快来，我女朋友被两个流氓跟踪了。"国王只说了这一句话，就挂断了电话。我十分慌乱，不知所措，急忙找到导演，说明情况，导演听后也是一惊，叫我"快去看看"。正在台上表演的两名刺客和麦克白都不知道发生了什么，还在尽情地表演。我冲着台上大喊一声："老王（刺客之一，我的室友），跟我走！"便飞快地向后台跑去。

在奔向校门口的途中，我预想到即将面临的危险情况，顺势回头看了一眼。我看到了那个我终生难忘的画面：紧随我身后的是身着一袭黑衣的刺客，在刺客后面是穿着阔腿裤带着草帽的看门人，而在看门人后面，是由麦克白带领着的士兵、侍女、女巫以及麦克白夫人一众人等。我顿时疑虑尽退，一股热血涌上心头，直奔校门口而去，心中想着与坏人搏斗的热血画面。

然而，当我来到校门口，才发现礼堂外的世界一片歌舞升平，街道的车辆、进出校门的同学们，这一切景象与我预想的画面大相径庭。我努力寻找着国王以及他女朋友的身影，直到我看到两个女生，举着冰激凌朝我走来。其中一个女孩问我："你们排练完了？"这个人就是国王的女朋友，我满脸疑惑，问她流氓在哪里，国王在哪里。没等他女朋友回答，国王骑着他黄色的小摩托车缓缓向我驶来，他停下车，伸手一指不远处，对我说："就是那两个人。"

我朝着他手指的方向望去，看到一高一矮、一瘦一胖两个人。从外形和表情来看，这两个人的确像极了不怀好意之人，但从国王女朋友的反应来看，她好像并没有遭受到什么危险或伤害。我正打算再进一步向国王了解情况，突然从身后传来了怒吼，那正是饰演刺客的老王发出的声音。我回过头看去，发现整个剧组已经聚集到校门口，路的两旁也驻足了部分同学，看着这群身着奇装异服的人。刺客老王一边大声嚷着："你们走开，不要欺负我们学校的女生！"一边趴在马路旁边做俯卧撑，我猜想那是他与"歹徒"搏斗前的准备工作。我叫了麦克白，商量之后，我们决定上前去找那两个"流氓"了解情况。两个"流氓"见到我们的装束也是一脸惊讶，他们告诉我们是在等人。这让我们更加怀疑，因为国王说他们两个是从远处一路跟到这里来的，但在没有充分证据的情况下，我们还是将情况反映给了学校的保卫处，并回到了礼堂继续排练。

现在回想起来，无论是刺客老王猝不及防的俯卧撑，还是整个剧组突然空降校门口的"穿越"闹剧，这次看起来十分荒诞的经历，成了我们多次聚会的谈资。

三

现在，我拉开了第三个抽屉，那里装着一个温暖的回忆，这个回忆名叫"五月的鲜花"。

"五月的鲜花"是中央电视台在五四青年节播出的一档晚会节目，法大艺术团也作为其中的一个团队，参与录制。那时候我大三，任校艺术团的团长，在校团委老师的带领下，我组织艺术团的伙伴们去央视录制节目。

录制过程是辛苦的，大家每天早上出发，参与彩排，晚上返回学校，为期三天的彩排让大家很疲惫。而我还有另一项任务，即与其他学校代表一齐，参与晚会的开场和结尾，这两个部分是在所有

节目结束之后，才进行录制的，这意味着正式录制当天，我不能与学校的伙伴一起回去。

这个消息让我倍感失落，毕竟法大在"遥远"的昌平，正式录完回到学校几乎已经深夜，而且还不能与大家一同在路上分享任务圆满完成后的喜悦。艺术团平时的氛围是十分轻松愉快的，尤其是我，更爱与大家说笑斗嘴，在听到我要独自回去这一消息时，很多好友纷纷大笑。我知道他们的笑声中没有恶意，但在那一刻还是有一些失落。

这个时候团委的孙璐老师安慰了我，她说等我录完，开车把我送回去，我听后十分感动，也逐渐把失落抛却到脑后。

法大的节目在晚上九点左右开始录制，节目的形式是歌曲加舞蹈，而唱歌的两位嘉宾一位是法大的师姐，另一位则是中央戏剧学院的刘昊然。刘昊然出演过很多部优秀的影视作品，深受许多大学生的喜爱。在彩排的过程中，每次听到大厅中传来喊叫声，我都知道是刘昊然或者王俊凯又从大厅经过了。

节目录制得非常顺利，大家也都拿出了十倍的自信完成了台上的表演，回到休息室开始收拾书包，准备回校。这期间，又有几位伙伴过来拍拍我的肩膀，说着"我们先走啦"之类的玩笑话，我又感受到一种"被抛弃"的感觉。大家基本上都已经收拾好了书包，准备往回走的时候，我接到通知，让我去录制结尾部分。结尾的录制过程比较漫长，大概录了三、四次才算结束，我拖着疲惫的身躯向休息室走，去找孙老师。

就在我推开演播室后台门的那一刻，我听见了一阵欢呼与掌声，我抬头看去，发现一大群人正在朝我扑过来，我不知道发生了什么，拔腿就想往回跑，这时，一个人从身后抓住了我的胳膊，另一只手横在我的身前，他喊着："对不起，他很忙，今天不接受采访，请不要拍照！"我才发现这是我们艺术团的师弟，而朝我扑过来的，也都是艺术团的伙伴们，他们为我"模拟"了一遍王俊凯、刘昊然的出场方式。

在他们"浮夸"表演的带动下，许多其他学校不知道情况的同学也纷纷举着手机冲了过来，一边拍我一边询问："你是谁啊?"我只能尴尬地微笑，并礼貌地告诉他们我的名字。那时候我是真的想找一个地缝钻进去。但是我的双手都被两名"保安"牢牢地钳制，我只能在他们的"护送"下，一路走上校车。

除了这三个故事以外，那些抽屉里面还装着毕业大戏的依依不舍的泪水，装着"榜样法大"的爱国情怀，装着"新生入学教育剧"的室友情谊，装着我大四临毕业前，在舞台上对法大以及所有人说的那一句"很高兴认识你"。

这些都成了时常想起却再无机会讲述的故事。

我上大学的时候

孙重科[*]

在我目前的生命阶段当中，我把曾过去的时间分成两个阶段，一个阶段叫作"以前"，另一个阶段叫作"我上大学的时候"。从我写下这段话开始，我的呼吸变得些许急促，手心开始出汗，眼眶有些发热。我真的不愿意承认，我已经离开法大快一年了。

从 2014 年入学起，到 2018 年毕业，仅仅只有四年时间，可我对于这四年的记忆却比任何一个阶段都要清晰。法大所赋予我的不仅是法律人的思维与严谨，还有那些隐藏在字里行间与宿舍教室的人生态度。

其实说来惭愧，我一直搞错了一件事情。法大的光环不是法大赋予的，而是自己投射的。如果自己就是光，那么这个光环会愈来愈亮；如果自己是宇宙，那么她便会逐渐变为一颗星，优雅地点缀在你人生的画卷之上。

音乐对于我来说一直是一件比较重要的事。从小学到高中，唱歌这事儿始终都令我快乐并且引以为豪。直到大一那年第一次参加国际法学院主办的"新生歌唱赛"为止。

刚刚大一，正是忙的时候，忙得晕头转向，忙着社团，忙着老乡会，忙着训练，忙着适应大学生活。有一天路过一食堂和梅二之间的公告牌的时候，看到了"New Voice"的广告，于是我就顺手去

---

 * 2014 级，中国政法大学刑事司法学院国防生。

展台报了名。通知我初赛时间的时候，我正在参加一个已经记不清什么活动的面试，初赛开始的时候，我正在教室里做法律英语的作业。我看了看时间，匆匆赶去。不出所料，顺利通过。过了两天依然是在阶梯教室进行复赛，我已经不记得我当时在忙什么事情了，只记得也是匆匆赶去唱完走人。

收到复赛未通过的信息时，我正在青城和老乡聚餐喝酒，我十分惊讶，以为是我喝多看错了，还专门发了短信又去问负责人，当得知我真的被复赛淘汰时，我终于清醒了，我真的被淘汰了。我？唱歌？被淘汰？那天我喝了很多酒，但是却彻夜难眠。这种打击真是有些沉重了，从山顶落到低谷的感觉十分难受，也是因为我当时还没有真正判断出我以前的山可能只是一个小山丘吧。

对于唱歌的消沉情绪一直持续到大一当年年底，我和朋友一起去看了校歌赛的决赛现场。我真正明白了，什么叫作人外有人，那些师兄师姐们的水平我真是望尘莫及，虽然新歌赛的水平可能比校歌赛差点，但是经过了那天晚上之后，我输得心服口服。礼堂的麦克风和音响，观众的反应，刺激的赛制以及那些华丽的技巧与扎实的唱功，我被法大校歌赛深深折服。

第二年的时候，专门腾出来时间去为校歌赛做准备，根据自己的音色和唱法，选择了费玉清的《一剪梅》和林志炫的《没离开过》。复赛之前一直在练歌，包括动作和神态。在学术活动中心进行复赛时，由于第一轮名次并未进入前三，于是开始车轮战，很不巧，到最后一位选手 PK 时，我下台了。是的，我又被淘汰了。

在老乡师兄的陪伴下，我们大中午的就去了麦胡的一家酒吧，在他的引荐之下，我结识了一位到现在对我都影响深远的师兄，我不知道的是他即将成为这一届校歌赛的冠军得主。人和人之间真的比较神奇，有的人见一面你就知道他一定很重要。

大多数人在听了我的选歌之后，"一剪梅"这三个字都会成为他们脸上掩饰不住憋笑的理由，但是他听完之后先问我是怎么唱的，

我原原本本在他面前唱了一段，他听后，沉思了一会儿，对我讲："如果是我来唱，我会这么唱。"因为他是接受过 R&B 训练的，所以当他用 R&B 唱出来《一剪梅》的时候，我决定当场拜师。我从来没有听过有人用这样先进的唱法去演绎一首老歌。

他在礼堂上拿着冠军证书走下来后的一年中，就开始经常性地指导我唱歌，逸夫楼楼道里唱，婚姻法广场上唱，那个时候几乎唱遍了法大的每一个角落（听着很厉害，但其实你不知道法大到底有多小）。

第三年，我终于有资格站上礼堂的舞台了，那一年我没有用任何录制好的伴奏，只有一把吉他、一把提琴与一台箱鼓，共同演唱的《如果有来生》将我送进了决赛圈，师妹用一台钢琴伴奏的《我爱你中国》最终让我收获到了那一年的亚军。

第四年，再次站上礼堂的舞台，目标就只剩下那最后一个了。结果也当然像极了每个故事的好结尾，我得偿所愿赶在毕业之前拿下了法大校歌赛的冠军。

关于法大的故事数不胜数，可要是动笔写下来，那么贯穿我整个四年的歌手大赛倒也能表达不少。最后让我拿到冠军的是一首《回到拉萨》，可是我现在满脑子只想回到法大。如我开头写的那段话一样，我又想起毕业典礼时黄校长说起的那句话："凡我在处，便是法大。"

政法宿舍往事

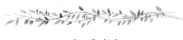

杨泽龙*

当我写下这个题目的时候，正值我的 **2015 级本科毕业季**，下笔之后我才恍如惊醒般地意识到，对于我来说，过去在法大经历的四年，已经成为不可追回的往事了。而与此同时，另一个字眼伴随着"往事"也扎进了我的脑海，那就是"分别"。也许正是因为这个字眼，我在这个本该是夏日璀璨的日子里感觉到的却是分外燥热难耐。

虽然早就已经意识到了分别，却不曾想离别如此之快地压到宿舍中每一个人的头上。彪彪、伟鹏考研，亚南和小飞到外面租了房子准备来年的考研二战，卿哥去了遥远的南方工作，而我也踏上了找工作的漫漫征程……本来自五湖四海的我们，经过不长不短的筵席时刻，又要重新奔向另一个五湖四海。

第一个离开宿舍的是亚南，在他走时，其余的五个人一边争抢着帮忙扛行李，一边有说有笑，似乎都不想让离别的场面显得过于伤感，没过多久，宿舍里剩下的还有五个人、四个人、三个人……直到最后剩下我自己。望着七零八落的宿舍"残骸"，内心不由得生起一阵酸楚，这就是我们共同生活四年的地方啊。在这不大的空间里，有着太多太多值得记忆又难以忘却的事情。伴着耳机里传来张震岳的《再见》，我的思绪如飞矢般贯穿四年来在这个不大的空间里发生过的所有的片段靶，直击在大一我初来到这个地方的那一刻，

---

* 2015 级，中国政法大学民商经济法学院本科生。

时间都如同倒流一般，将破碎镜片般的记忆重新拼合，在我眼前慢慢涌现。

"宿舍夜谈"

记得来到宿舍的第一天，大家都来得很早，虽然是初次见面，但却像是早已熟络的朋友般一边收拾着床铺的东西一边交谈着。我叫什么名字，来自于什么地方，为什么会来到这所大学……随着话题不断延展而深入，我们也就自然而然地打成了一片。在那天晚上，宿舍里展开了第一次彻夜长谈，我们谈着对生活的期望，对未来的憧憬以及规划，虽然在黑夜中看不到彼此的神色，但我能清楚地感觉到每个人的眼中都散发着灼热的光芒。有人曾说过，没有夜聊过的大学宿舍是不合格的大学宿舍，我深以为然，人与人正是通过交流才得以增进感情。

在今后的日子里，"宿舍夜谈"似乎成了我们的一项"常设活动"，我们总是会在一个第二天没课的夜晚，或找一个轻松的话题闲散聊天，或是针对一个学术性的话题侃侃而谈、针锋相对……在这样一个过程中，彼此的性格、价值观、人生观、世界观等都得以被清晰地洞察。

虽然随着课业的加重，"夜谈"的次数越来越少，但是彼此的关系并不会因此变得生疏。因为一次次的"夜谈"过程就如同用锉刀在石头上刻字，任风吹浪淘，都不会因此而泯灭，而这种感情将一直持续到很久远的以后。如果说时光能够倒流，我最想回到的便是那一个个不眠的夜晚。

"庆祝与安慰"

还记得当宿舍中的某个人或是集体有好消息时，宿舍中的其他几个人往往是最先知晓的，随后而来的便是"庆祝"。比赛获奖、荣获奖学金,抑或是收获了一段感情,都将产生一次"庆祝聚餐"。在"庆祝聚餐"中每个人都可以共享到得意之人的喜悦。与此相对的,坏消息也往往是几个人最先知道的,如考试失利、面试失败、情感受挫,等等。在这种情况下,宿舍中往往会产生一次"失意聚餐",在"失意聚餐"的倾诉中悲伤也将被瓜分成许多块,被每个人平均消化。于是,聚餐成了庆祝与安慰的一种物质载体,连接着宿舍中的每一个人。被"聚餐"连接着的我们,更像是一个"命运共同体",共品蜜糖,共饮砒霜。

如果说人一生中会经历无数次"聚餐",在很久的以后,当人们提起印象最深刻的一次聚餐,我总会想起大学时代的那一次次简陋而粗糙的"宿舍聚餐"。其他的聚餐往往带有功利性或目的性,只有那一次次的宿舍聚餐才是真正让人得以放下一切伪装和防备,共享别人的快乐或分享自己的快乐,分担别人的失落或抚慰自己的失落。

"离别之际"

时间来到了大四,当法渊阁门口响起了毕业的歌声,离别的味道越来越浓。我们又重新拾起了宿舍夜谈、"庆祝聚餐"、"失意聚餐"这些活动。因为每个人清楚地意识到,像这样的日子不多了。也许是为了麻木自己,也或许是为了拖缓时间的脚步,我们倾尽所有的方式去纪念我们大学四年以及四年来的友谊。我们用很刻意的方式去尽力在这段光辉岁月中留下一些让人难以忘记的记忆,宿舍的毕业照、宿舍的毕业旅行、宿舍的彻夜长谈……可以清楚地感受到的是,每一个人都在很认真地对待这一份友情。而真正到分别的时候,有人会掉下眼泪,有人会以乐观掩饰过去,有人则后知后觉地暗自神伤。道别的方式各有不同,每个人的所思所想却总会殊途同归。时间匆匆流逝,如同白驹过隙一般,当时的我们期待着快快毕业,而真正到了毕业之时,我们却又嫌留在学校的时间总是太短,留给彼此相聚的时间太短。

可是天下没有永远不散的筵席。虽然在分离之后不能确定下一次聚在一起会是什么时候，但是那些记忆却都或清晰或模糊地记在了脑中，在日后也将成为美丽的念想。总是有人说，大学时候的友谊是最值得珍惜的，因为它有着中学、小学时所没有的心智，又不存在步入社会后的污浊。正因如此，大学生活才是如此让人怀念和向往。

当校园中出现了成群结队的身穿学士服的人，他们高抛着学士帽，拍着好看的毕业照，口中兴奋地喊着"毕业快乐"时，我就在思考：毕业，对于我们来说意味着什么呢？意味着收获了沉甸甸的知识，开阔了视野，除此之外，在离开校园的那一刻，我们带走的还有将相伴自己一生的友谊，这份友谊将是母校赠予的礼物。

毕业之后，我们将奔赴江湖的每一个角落，从此江湖的每一个角落都将闪烁起带有"法大"标志的光芒。这些光芒之间有着微弱的牵连，而这牵连的媒介正是大学期间各自的宿舍友谊。与此同时，法大学子无穷无尽，代代相传，这样微弱的牵连也成千上万，彼此交错纵横，最终形成一张密集的大网，在这张大网中，又有一个共同的关键词——"法大"，所有人因为这张网有了一个共同的名字，那就是"法大校友"。不管时间过去多久，我们都将因法大的存在而引发内心深处的共鸣。这就印证了在法大中广为流传的那句话：无论你在何地，你所在处便是法大。

法治与人文的和弦

温新格[*]

记得大一下学期之时，突然来了兴致，想作一篇《法大赋》，绞尽脑汁、搜索枯肠之后却终究归于失败。原因倒也简单，一位师姐总结得便很准确——"毕竟，你在这里的时间还短。"

信然。

地处昌平一隅，校园虽小，却也不足以让我在一年之内便能够将花圃中每一株花草细细看尽，这"一生一世法大人"的情怀，也非经历过军都一个春秋便能够体悟得到。

时光如烟，转眼已经是大三的学生。眼见得带我写稿、备赛的师兄师姐们穿着学士服在法渊阁门前留下大学最美的光影，我时不时地便会意识到，明年就该是自己，与这所学校完成第一阶段的分别。

于是偶尔在恍惚之中，觉到一丝感伤。

回望这三年，自己只能算是按部就班，生而平庸却也甘于平凡。原本天资驽钝，幸而高考发挥尚可，来到了这所名已久扬的法学学府；离开海滨小城到达这祖国心脏，惊觉身边高人如云，敬佩之余，忝为同窗。

如果要用几个词语来概括自己这法大的三年，第一个词，毫无疑问当为"法治"；第二个，必是"人文"。

---

* 2016级，现就读于中国政法大学法学院。

法　治

高中之时的我，对这两个字的认识还停留在"法制"的阶段。"盖天下之事，不难于立法，而难于法之必行"，对于张居正的感叹，长期以来我的认识，便是用利刃来代表的国家强制力是法律所能发挥其作用的必备良方。而在法大的三年，也毫无疑问，是我真正完成了从"法制"到"法治"转变的三年。

犹然记得在姜晓敏老师的中国法制史课上，老师在第一节课便花了十几分钟的时间向我们讲解"法"的繁体字的含义。将繁体的"法"拆分之后，除了"所以触不直者去之"的廌，我印象最为深刻的便是：法，平之如水。

平之如水，就像是水一般润泽万物，涤荡尘埃却又无声无息；在学习、生活之中，不需大张旗鼓地宣传普及便能够在潜移默化之中塑造着守法的意识；就像主楼门前，明晃晃的法镜默默地照着踏进来走出去的每一个法大人；秋日里如火一般燃烧的银杏树，站立的地点是独一无二的宪法大道；甚至于一个小小的恋爱广场，都赋予了它婚姻法的庄严之名。商鞅、长孙无忌、钱端升，而至于课堂之上、立身理论前沿指点江山的法学家，洞察事实精准用律的审判者，法庭雄辩主持正义的辩护人，讲台上的教授、讲师，都有着对法律的尊敬，而在课堂之上，却又在以社会学、政治学等不同的视角，推动着法治中国的前进。

跨越了千年的人物，同那已经无形之中浸润到校园生活细微之处的意象一道，共同在塑造着这所学校的法魂。

法大之所以为法大，当也与此密不可分。

只有当法真正地平之如"水"，如同汩汩清流一般自然流淌到每个人心中并获得认同之时，整个社会才有资格称得上"治"；而单纯依靠对自由乃至生命的剥夺等强制力为手段的"制"所施行的法，则只能如无根之草一般，势不得久。

　　而让这法律的甘泉之美为大众所欣然畅饮，让这清澈之流涤荡一切浑浊泥淖，则便是这所学校中的你我肩上所应负的责任，亦是这个民族的每一员所应在生活中践行的义务。

人　文

　　学校里两座图书馆，与法渊阁相对的，是孔子背后的文渊阁。

　　与法相对的"文"字，是法大的另一个标志；人文，亦是组成我大学三年的另一关键词。

　　自我初入法大，便面向孔子背后的文渊阁立下了"四年十万卷，扫荡文渊阁"的志向，虽然至今而言已经成为虚妄，但这人文的种子却是实实在在种下；大二学年报了汉语言文学的辅修，自此认识了诸多人文学院的老师和同学，彼此间也结下了深厚的友谊。只是因为课业培养方案的缘故，这辅修的计划又只得搁浅；细细想来，这三年间唯一坚持到最后的，也只有大三学年参加的北京市人文竞赛。

　　去年 11 月，当比完最后一场比赛从国际关系学院走出来的时候，内心中杂糅了种种情绪：初赛因为三分之差止步决赛的遗憾、准备复活赛的一星期中的匆忙、飞花令人文演绎阶段的紧张。最终随着成绩的揭晓，随着主持人那一句"感谢大家的积极参与"而化作一种轻松。

　　回想起来，自己几乎是完全凭着兴趣报名，继而"随缘""佛系"地参加校内初赛的选拔。大概只有到了选拔赛决赛人文演绎阶段的时候，我才全身心地投入到准备中去。也感谢队友的配合，我最终进了校队；进到校队后，我逐渐感受到压力。这压力来自于学校的荣誉、来自于指导老师的辛苦付出、来自于队友们的督促鼓励。正是在这压力转化而来的动力催动之下，我开始重又翻开那些尘封许久的书籍，唤醒那些已经在记忆中渐渐埋没了的"七大藏书阁""玉茗堂四梦"等一系列文史知识——来法大许久，法条之辩愈加明

晰，类似的人文知识却已经很久没有得到过扩展。

在这个过程里，在人文学院韩达老师的指导下，我第一次系统地学习了律诗的理论基础和创作方法；在李京泽老师的辅导下，我和西方文艺美术知识第一次有了较深入的碰撞；在吕明烜、苏峻老师的讲解中，我对东西方哲学有了更进一步的认识。最后赛场之上我们止步决赛，深以为憾的同时，我更觉对不起在这个过程中辛苦付出的老师们。但我也觉得，这几个月来的准备与竞逐带给我的启发与思考，亦是一笔巨大的财富。比赛的结果诚然重要，但是对于我们而言，比赛乃至筹备比赛的过程，更加不可或缺。

学校人文学院的口号，我一直深以为然：法大人文，人文法大。回望历史，这所学校自其诞生便与人文结下不解之缘。这不仅仅在于人文学科领域涌现出多少优秀人才、诞生出多少锦绣文章，单是校园东面那一方于僻静处静静躺卧的海子石，以及石头上常年常在的鲜花，便能够折现出这所学校的人文底蕴。

法律作为震慑、惩治犯罪的剑锋，在某些时候不免会失之冰冷；而这片土地上生长传承的人文元素，却可以令这利剑带上一抹温情。

见证了军都山下三个春秋，相较三年前刚来到这里时的自己，内心对法大的认同感已完全不可同日而语。法治、人文，三年来的生活线、学习线沿着这两个主题展开，交际圈、朋友圈因为这两个主题而扩展，行笔至此，已经信马由缰挥洒两千余字。在简单的字句背后，一个个故事场景重现眼前，一个个新朋旧友的影子在脑海略过。

这一生，遇见法大，遇见你们，幸运之至。

是为结。

永远的法大，永远的家

王广梅[*]

　　五一之夜，北风紧紧地抱住榆林，细雨齐刷刷地亲吻着黄土地，父亲的荞麦与绿豆高歌，父亲的玉米和谷子笑语，父亲的枣树时不时吐几颗新芽，但是昏迷几个月的父亲却一直没醒。我站在榆林二院的 17 层心急如焚，看着遥远的北京，看着遥远的蓟门桥北侧，法大就像朦胧的月亮，伸出手使劲拨开雨丝，拨开云雾，却被横山阻挡了一半。我大吼一声法大，迈开双脚，触摸到了昔日银杏大道的宽阔；挺起鼻子，闻到了昔日梧桐花香的浓密；张起耳朵，听到了松树常青的古老；闭上眼睛，感受到了玉兰花的高洁。

　　眼泪啪嗒啪嗒滴打在窗台上，主治医生劝我不要哭了，他说父亲的病情已经恢复得非常好了，只是需要长时间的观察与静养，待时机成熟，再做第七次开颅手术就好了。但是我一直不敢直视父亲的头，如同我不敢直视肇事者逃逸，不敢直视负主要责任的事故鉴定，不敢直视离我越来越远的法大。

　　与法大结缘，那还要从大三说起，本来计划大四毕业找个轻松的工作，回地方做个小学英语老师。但是暑假在地方法院实习的时候，我看到一份份案件，一例例刺痛人心的血泪，小时候邻居家被火烧的惨剧再次浮上心头，因为煤矿问题，一直找不到凶手。当时刘法官给我讲很多关于法大的故事，让我不要学她，要像孙少平一

---

　　* 2017 级，现就读于中国政法大学法律硕士学院。

样走出黄土地，她说的那棵生长在法大 3 号楼旁边的槐树，那散发着正义与坚强的槐树，在那一刻起就把根扎在了我的心里。

紧接着就是漫长的考研之路，第一年复试没有通过，我在 3 号楼旁边的槐树下哭了足足两个多小时，根本无暇顾及身边来来往往的人。不知道什么时候，我身边多了一个人，她陪我说了很长时间的话，并没有劝我不要哭，而是让我看看这棵树。那粗壮的深根，那灰褐色的树皮，那挺拔的身躯，那蓬松的枝干，那墨绿色的叶子，那浓香的槐花，在走出法大的那一刻，我甚至觉得槐树下的每一丝空气都那么富有灵魂，在黑夜的路灯下，我捡起一片叶子，拖着影子踏上回榆林的火车。

第二年考研，我们四个人挤在 15 平米的房间里，每天起早贪黑去大学蹭自习室，为省几块钱买辅导资料，有好多次早饭都不吃。听着同学工作怎么怎么好，看着自习室阿姨催促的愤怒，摸着脸上的痘痘一茬又一茬地生长，闻到宿舍旁边发臭的垃圾场，吃着夹生夹熟的饭菜，但是终于没有被父亲劝回家休息。带着那片叶子，我参加了第二次初试与复试，直到我顺利进入法大，那片槐叶已经被泪水浸泡得只剩下骨架，在太阳的照射下，它就是法大，它就是丰碑。

当我真正成为法大人时，我才知道法大就是一个家。所有的严厉，所有的庄重，所有的高大，背后却是，所有的温馨，所有的关爱，所有的温暖。而我一直就是法大的孩子，只是不知道法大这个母亲早已存在于我的心里，就像银杏大道边的"法治天下"一样，所有想进法大的人都是法大的孩子。

在法大这位母亲的教导下，我渐渐褪去那层来自榆林的黄土，让自己的眼泪不再去祭奠生活，那种稚嫩的小家子气滚向护城河。是的，北漂就像一匹穿越沙漠的骆驼，只有坚持才是唯一的出路，不然迟早会埋葬在北漂的沙漠里。我本来是这样规划自己的研究生生涯，让自己像骆驼一样拖着北漂的抱负，一步一步把辛酸与苦难摔在脚印里。但是父亲无辜被车撞，脑袋开裂，腿粉碎性骨折，几十万的抢救费，在几个月的抢救中像一座山压在我的肩膀上。

是法大师生和法大校友帮我把这座"山"移开，让我有了喘息的机会；但是一到两年的静养与观察，让我如何再投入到学习当中。我看着昏迷的父亲，使劲拍打着他僵硬的身体，他的身体就像木头一样，只是还有一颗全家人渴望的跳动的心。又是法大的校友，帮我联系律师，帮我分析案子，让我一下子从肇事者逃逸的痛苦中解脱出来，让我看到明天的希望。我非常感谢法大和我并肩战斗。

现在已经是凌晨4点，我给父亲吸完痰，再次收到交警队发来的父亲负主要责任的事故鉴定，我真想扇自己一巴掌。这时候，我突然想到费门读书会之前读的一本书，那本费孝通写的《乡土中国》，其中他认为乡土中国是一个熟人的社会。而父亲的冤屈，我一定要负责任到底。

这一夜，注定是不寂寞的，医生又给父亲做临时检查，说父亲呼吸有点短促，我焦急得晕头转向，等病情稳定下来，我才意识到太阳已经出来了。而我累得沾着床边，就已经深睡，梦里我看到自己开心地听老师讲课，我看到自己在图书馆陶醉地阅读，我看到自己在3号楼旁边的槐树下散步，我看到自己在准备结课考试……

回忆政法往事，我想献给法大一首诗，一首属于法大的诗：

《家》
斜风的夜晚，
一半细雨在天，
一半细愁在地，
不是在最美的时光，
遇见你，
而是遇见你，
才有最美的时光，

蓟门桥北侧，
永远的法大，
永远的家，
一步一回头，
回头茫茫人海。

零星的灯火，
一半火车短了，
一半公交没了，
美丽的承诺，
不是一生的归宿，
不变的誓言，
才是灵魂的救赎，
两脚磨蹭是牵挂，
永远的法大，
永远的家，
一滴春意浓，
春意茫茫人海。

找寻新的天空

冯思琦*

2018 年 9 月，我初入法大。宪法大道两侧是各式的迎新展台，拓荒牛前人来人往，师兄师姐们热情地帮忙办理入学手续。几分欣喜，几分期待，几分懵懂，我想伸手画出一片蔚蓝的天空，由此开启我的法大故事。

结缘球队

入住的第一晚，便迎来了师姐们热情地"刷寝"。几位师姐带着糖果和小礼物走进宿舍，给我们安利足球队。来法大之前，我从未尝试过足球这项运动，平常的体育锻炼更是微乎其微，甚至连体测成绩也一直在及格线边缘徘徊。抵不住师姐们的热情，我和室友抱着安慰师姐的心态，扫码加入球队的迎新群，心知不具备在球场传球射门的本领，便打算在群里"潜水"混过招新这段时间。

机缘巧合，大一上学期的体育置入课便是足球。担心自己这个零基础的小白很难迈过期末考试的门槛，便主动私聊已经被我拒绝的师姐，表达想要加入球队的想法。让我倍感庆幸的是，师姐依旧是一如既往地友善热情，和我约定第二天来球场参加早训，熟悉球队的伙伴。在师姐们耐心的教学和从不吝惜的鼓励中，我渐渐习惯

了早晨六点半的田径场，看着它一点点被朝阳照亮。

还记得比赛前，师姐召集球队在二食堂一楼商讨战术，亲自演示如何攻防，画出清晰的战术图帮助我们理解，一场战术讨论一直可以持续到食堂关门。中午的球赛，一般都在高温下进行，烈日、闷热，都是对体能和意志的极大考验。摔倒，站起来继续奔跑；扭伤，喷好药水下一场继续坚持；碰撞中留下青紫的伤痕，更是不放在心上。几场比赛下来，球队的拼搏精神深深感染着我，原来我从未接触过的体育项目，竟有这样大的魅力：她可以让你忽略疼痛，在球场上挥洒汗水；她可以让你克服困意，奔赴六点半的早训；她可以成为你大学生活中最难以割舍的一部分，无论大四大五，只要有时间，一定回到球场再来一次漂亮的射门。

在球队的日子，已接近一年，我很感谢当时那个愿意鼓起勇气尝试未知的自己，她为现在的我，描绘出一片全新的天空，那里有六点半的田径场，有阳光下奔跑追逐的身影，有哪怕比分落后也会一往无前的勇气。时光漫长，而我有幸探索出这片新的天空，收获了展翅的力量。

走出校园的课堂

查到录取信息的那个下午，我就在畅想，大学会是什么样，中文系又会是怎样。它会是伴着落日的余晖在草坪上与三五好友闲坐，还是在凌晨改着第二天要交的作业蹲坐在空荡荡的走廊？它是藏在唐诗宋词里的雪月风花，还是我从未听过又或许枯燥的理论文化？接近一年的时间里，我接触到的大学课堂，比我想象中更加缤纷多彩。

都说昌平路远，可我们却在一年的时间里，开辟出许许多多校园外的课堂。鲁迅说，"我家门前有两棵树，一棵是枣树，另一棵也是枣树。"于是在院里的组织下，周末全班同学便坐着学校班车，一起去看那两棵枣树是否依旧如昨。著作等身的老舍没能完成《正红旗下》便长辞于世，可那个僻静的四合院依旧为学习老舍作品的我们提供了缅怀之所。文学课上欣赏到众多优秀剧作，还能有机会全班同学一起坐在蜂巢剧场，零距离地观察戏剧演员的喜怒变化。这一年，现代文学馆里我们看到了更加立体的巴金、丁玲；国家典籍博物馆里，我们近距离接触古文献修复，寻觅甲骨文的踪迹，感叹其中奥妙；国家博物馆里，我们于衣食住行的变迁中观大国崛起。

走出校园，走出昌平，原来有一种课堂会是这样，她不仅是书页上严谨规范的铅墨字，也不只是 PPT 里展现的影像资料，这样的课堂，有着真实可感的温度，当我四年后回望这片天空，个中细节依旧清晰。

被赠予的温暖

大一上学期，我在众多志愿活动中选择了灵心手语协会，在海伦聋儿康复中心开展常规支教活动，和那里的小可爱们一起，度过了难忘的八个下午。

那是我第一次参与支教活动，却收获了许多最美好的回忆。我至今还能回想起他们明媚的、充满阳光的笑容。我还记得，折纸时，他们特别期待地拉着我，欣赏刚刚完成的作品；我还记得，涂色时，他们耿直地吐槽我说，"姐姐画得丑"；我还记得，跳舞时，他们用小小的手紧紧攥住我的一根手指不愿撒开；我还记得，游戏时，响彻在整间教室的笑声；我还记得，陪伴着他们，我折出了人生中第一颗幸运星……四五岁的年纪，天真无邪，明媚照人，最好的词汇用来形容他们都不为过。我很难回忆起四五岁的自己是什么样子，不过还好在海伦遇见这些小天使们，因为他们，我又重温起好多童年记忆：跳格子、做贺卡、叠纸船、画青蛙；因为他们，我突然间发现自己小小的努力，甚至一个微笑，一次掌声，都可以变得了不起。

我忘不了刚进门时孩子们兴奋地跳起来，格外可爱的问候方式；

忘不了将要离开时，顽皮的他们乖乖地一排排坐好，笑着说再见的样子。我总是觉得，相互的陪伴中，是他们带给我的更多，一个个永远饱含活力的笑容，都是他们赠予我的弥足珍贵的礼物。在他们的世界里，也许音符不那么清晰可辨，可是笑容足以传达全世界的温暖。

新的支教体验，让我有幸邂逅了天使在人间的踪迹，无论相聚别离，他们带给我的这片澄澈天空，我将永远珍藏。

走过高考的门槛，渐渐发现，我们会继续面临许许多多的选择，我们的人生轨迹，也慢慢开始从大流中分化开来。无论如何，每一次崭新的尝试，我都充满期待，去找寻最饱满的生活，去画出最蔚蓝寥廓的天空。我的法大故事，未完待续。